バター、オイルなしでも
こんなにおいしい

non butter　　non oil

ふとらないパン

茨木くみ子
Kumiko Ibaraki

文化出版局

NON

毎日食べるものだから、
体にやさしく、おいしいパンを　4

Type 1　水だけでこねる超シンプル生地
基本のパン——プチパン　8
セサミパン　14
ハーブパン　15
ナン　16
クリスピーピザ　17
木の葉の田舎パン　18
オートミールブレッド　20
栗のカンパーニュ　21
ドライフルーツの赤ワインブレッド　22

contents ●

Type 2　牛乳でこねるしっとり生地
ノンノンの白パン　24
フーガス　26
ポテトサラダの花かごパン　27
黒糖レーズンパン　28
ハートのチョコパン　29
キャロットパン　30
ほうれん草パン　32
かぼちゃパン　33
ミルク食パン　34
カフェオレ食パン　36
コーン食パン　37
ベーグル　38
チョコとクランベリーのベーグル　40
きな粉ベーグル　41
玄米蒸しパン　42
よもぎあんパン　43

Type 3 卵を加えたさっくり生地

- ロールパン 44
- オニオンブレッド 46
- オムレツパン 47
- 揚げないカレーパン 48
- 揚げないきな粉パン 50
- 揚げないピロシキ 51
- パイナップルパン 52
- とろけるりんごパン 54
- さくさくマカロンパン 55

Type 4 卵と牛乳を使ったリッチな生地

- 三つ編みパン 56
- メイプルブレッド 58
- オレンジのパネトーネ 59
- きのことえびのコキールパン 60
- 本物メロンのメロンパン 62
- ブリオッシュ 64
- レモンのブリオッシュ 66
- チョコブリオッシュ 67
- クロワッサン 68
- ツナデニッシュ 70
- レーズンシナモンデニッシュ 71

低カロリーのジャムとスプレッド 72
パンを焼き続けて 74
安心な材料を選んで 76
最低限の道具を使って 78

この本の決り

■使用している計量カップは200ml、大さじは15ml、小さじは5mlです。
■小麦粉、レモンは国産を使用してください。
■卵はMサイズを使用しています。
■電子レンジは500Wのものを使用しました。
■作業中、パン生地が乾燥すると、かたい仕上りのパンになってしまいます。こねている最中から最後にオーブンに入れるまで、さわって乾いていたら霧を吹いて乾燥を防ぎましょう。
■こねたり、成形のときは、生地が台についてしまうようなら、打ち粉といって強力粉を軽くふりながら作業をします。ただ、あまり使うと生地に影響が出るので、最低限の量にしてください。
■パンを焼くときは、必ずオーブンペーパーやオーブンシートを敷きます。
■オーブンは高速ガスオーブンを使用しています。電気オーブンを使用する場合は、焼き時間が長くなることがあります。
■パンの「焼き時間」「発酵時間」はあくまでも目安です。パンの状態を見て調整します。

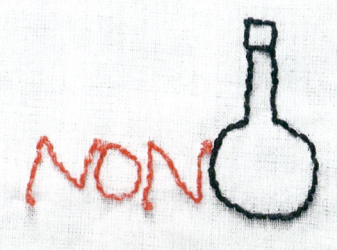

毎日食べるものだから、
体にやさしく、おいしいパンを

1 「ご飯のようなパン」を作りたい

パンは好きですか。私は大好きです。パンは私にとってご飯同様、主食です。量を食べます。回数を食べます。これまでも、これからも、ずーっと食べ続けていくものです。日本人の主食はもともとはご飯でした。ご飯は米と水で炊きます。なんてシンプルなのでしょう。「ご飯のようなパン」を作りたい！　これが私のパン作りの発想の原点なのです。お米は誰も国産にこだわります。だったら小麦粉もポストハーベスト（収穫後に農薬をかけること）や除草剤の心配のない国産で作りたい。やはり、私たちの生きている土地からとれる作物が、いちばん体にも合います。シンプルな材料で、あたかも炊飯器で炊き上げるように、オーブンさえあれば作れる手軽さ。そんな簡単で短時間でできて、かつおいしい。それが私の目指すパン作りです。

2 バターも油もいっさい使いません

ご飯を炊くのに油は使いません。だったらパンにも使いません。バターも油もカロリーが高いから？　生活習慣病になりやすいから？　実は油脂を使わない理由はそれだけではないのです。昔、油は貴重品。高価だからちょっと買ってきては大切に使うものでした。それが今ではスーパーの安売りの目玉になっているのは、それなりのことがされているからです。しぼり方も昔と違います。原料も違います。バターなどの乳製品も同じこと。牛の飼料に含まれる薬や飼育中に使う薬、それらは乳脂肪や脂身に集まるのです。使わずにすむなら、それにこしたことはありません。

3 ノンバター、ノンオイルだといいこといっぱい

毎日食べるものだから、安心できるパンを作りたい。それが油脂を使わない大きな理由ですが、そうしてパンを作ってみると、もっともっとたくさんいいことがありました。

A 油脂を使わないので低カロリーでヘルシー。高カロリーなブリオッシュもクロワッサンも、市販の類似品の約半分に減らせました。

B 脂肪のとりすぎが原因の高脂血症や糖尿病など、生活習慣病の予防にもなります。10年後の自分と家族の健康管理に役立ちます。

non butter　　*non oil*

C バターやオイルを加える工程がない分、いたってシンプル。失敗も少なく、手軽にパン作りができます。

D 素材のおいしさが引き出され、素材のほんとうの味がわかります。油脂は何でもおいしく感じさせてしまう魔法の調味料。それをやめると、素材の本来の味がわかり、素材へのこだわりに通じます。

E バターや生クリームを使わないから低価格で経済的です。

F 油分がないと、ボウルやこね台などの洗い物も洗剤なしで簡単に落ち、後かたづけもスピーディです。

G カレーパンなどの揚げパンも揚げずに、まとめてオーブンで焼きますから、揚げるよりずっと簡単、失敗もありません。

4 パン作りは簡単！こう考えよう

パンがお菓子と違うのは、イーストを使うこと。イーストは菌で生き物です。この生き物が好む環境をまず知ることです。このイースト君、実は人間の好みと同じ。人間が気持ちいいお風呂の温度が、いちばん活発に活動する環境なのです。ですから仕込みの水の温度は測りません。さわってみればいいのです。
そしてもう一つ。「パンは風船」とイメージしましょう。イーストが発生するガスを取り込めるだけの、風船膜ができるまでこねればいいのです。発酵は先ほどお話ししたように、いい湯加減の環境に置いてやれば大丈夫。今は便利なオーブンの発酵機能も活用できます。2倍になるのを待って形を作り、もう一度ふくらむのを待ってオーブンで焼けば、それがパンなのです。難しいことなんて何もありません。

5 穀物中心のシンプル食を

最近、パンやご飯などの穀物を食べない人が多いようです。私は違います。朝、昼、晩、三食とも穀物中心。割合でいうと穀物が8割、野菜のおかずが1割、肉や魚などのたんぱく質のおかずが1割程度でしょうか。穀物は体内でブドウ糖というエネルギーに変わります。つまり燃えやすい、クリーンなエネルギー。燃えやすいのでおなかがすぐすきます。すいたら間食をします。すると体は安心して、エネルギーをどんどん燃焼する基礎代謝の高い体になっていきます。そうなると、それまでためていた脂質も燃やすようになり、肥満も高脂血症も解消できるのです。これが油脂を使わないパンが太らない体を作る、もう一つのメカニズムです。
また、糖質というイメージが強いご飯やパンですが、ご飯1膳、食パン1枚には牛乳コップ1杯や小さめの卵を食べたのと同じくらいのたんぱく質が含まれています。穀物中心の食生活で健康な体を作ってください。

non butter | non oil
Type 1
水だけでこねる 超シンプル生地

基本のパン
プチパン

牛乳も卵も使わない、
水だけでこねる超シンプルな
低カロリーのパン。
体の中で燃えやすく、
とてもヘルシー。
その上、飽きのこない味なので
食事パンにも最適です。
市販品は
牛乳や卵やショートニングが
使われているのが一般的。
使っていない分、
カロリーもぐっと抑えられます。

1個　類似品 **210 kcal** ➡ 低カロリーレシピ **123 kcal**

作り方（所要時間約80分）

A 混ぜる

1 ボウルにAの強力粉を入れ、ドライイーストと砂糖を隣合せに入れる。

2 温めた湯をイースト目がけて注ぎ込み、よく混ぜる。このとき調整水として大さじ2ほど残しておく。

3 木べらでよく混ぜ、イーストがしっかり溶けたら、Bの強力粉と塩を加える。

4 生地が耳たぶくらいのやわらかさになるように、状態を見ながら混ぜ、足りないようなら残しておいた水を加えてひとまとまりにする。

材料（8個分）

A
- 強力粉 —————— 125g
- ドライイースト ———— 小さじ2
- 砂糖 ——————— 大さじ2
- 水（40℃に温める）—— 150ml

B
- 強力粉 —————— 125g
- 塩 ———————— 小さじ1/2

＊水は電子レンジで30秒ほど温め、40℃にする。温度計で測る必要はない。さわってお風呂の温度ぐらいにする。

生地のやわらかさが、失敗しないパン作りへの最大ポイント

小麦粉に水などの水分を加えて生地を作っていきますが、その生地の状態をこねやすいやわらかさにすることが、ふっくらおいしいパン作りへの最大のポイントです。水分量は粉の種類や、季節、天気など、湿度によっても微妙に違ってきます。そこで、最初に混ぜるときは、調整水として水分を残しておいて、様子を見ながら加減していくという方法をとっています。

また一般的に、外国産の小麦粉の場合は、水分量を1割程度増やしてください。国産でも「ナンブコムギ」などは、逆に1割程度減らしてください。また、雨の日や梅雨時は粉が水分を吸っていますから、減らしぎみになどの配慮をしましょう。生地がほどよい状態だと、こねる作業も発酵もうまくいき、おいしいパンへとつながります。

B こねる

C 一次発酵

5
生地をボウルから台に出し、約10分間、手早くこねたり、たたいたりする。生地が乾いてきたら、霧を吹くか手に水をつけながらこねる。

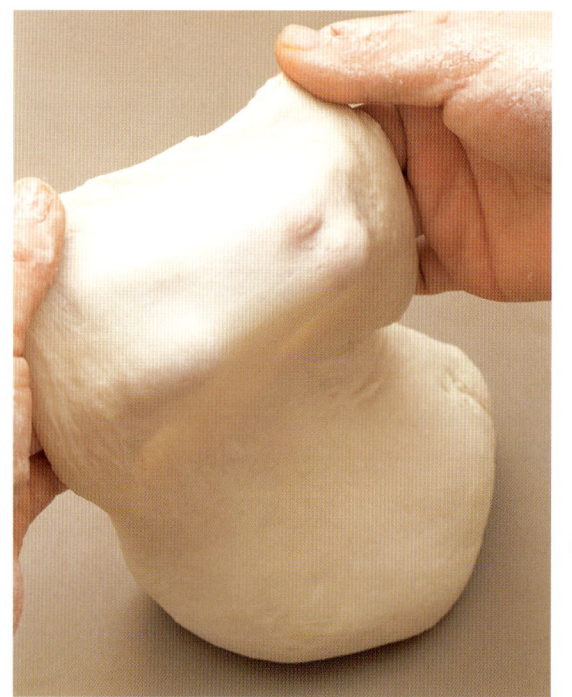

6
生地の全体がなめらかな状態になり、少しずつ生地をのばして指が透けて見えるようになったら、こね完了。

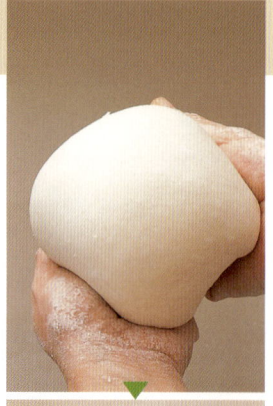

7
こね上がったら生地を下に巻き込むようにして丸くまとめ、裏側をしっかりつまんでとじてボウルに入れ、ラップをする。

D ガス抜き、分割

8 オーブンの目盛りを発酵に合わせ、約25分入れて2倍ほどにふくらませる。
＊オーブンの発酵温度はふつう40℃。機種によって違う場合があるので、各オーブンの使用説明書に従う。

発酵前　発酵後

9 指に小麦粉をつけて生地に深く刺して抜き、穴がふさがらなければ、一次発酵完了（フィンガーチェック）。穴が閉じるようならさらに発酵させる。

10 こぶしを作り、生地を数か所やさしく押すようにして、ガス抜きをする。

E 丸める、休ませる　　F 成形

14
ガスを抜きながら一つずつ丸め直し、とじ目を下にして、オーブンペーパーを敷いた天板に並べる。

12
生地を下に巻き込むようにして一つずつ丸め、裏側をしっかりとじる。

11
生地をカードでボウルから出し、8個に切り分ける。計量はおおまかでいい。乾燥しないようにかたく絞ったぬれぶきんをかけながら作業をする。

13
かたく絞ったぬれぶきんをかけ、5分おく。

G 二次発酵

15 乾燥しないようにぬれぶきんをかけ（または霧を吹いて）、オーブンの目盛りを発酵に合わせ、約20分入れて1.5倍にふくらませる。

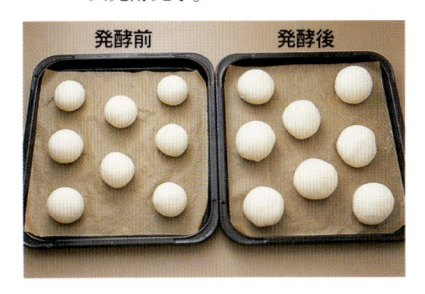

16 小麦粉をつけた指で軽く押して、跡が残るようなら二次発酵完了。

発酵前　発酵後

H 焼く

17 生地が乾燥しているようなら霧を吹いて、180℃のオーブンで8分程度、焦げ色がつくまで焼く。裏に返して焦げ色がついていれば、でき上り。

18 金網にとって冷ます。完全に冷めたら、密閉袋に入れて保存する。このまま冷凍し、自然解凍、またはラップで包んで電子レンジで1個につき約30秒加熱すると、いつでも焼きたてのおいしさが味わえる。

セサミパン

基本の生地にごまを練り込んだ香ばしい香りのパンです。ごまはカルシウムと鉄分、ビタミンEを豊富に含む日本人の体にぴったりの栄養源。いりごまも再度いり直して使うといっそうおいしくできます。

材料（8個分）

A
- 強力粉 ————— 125g
- ドライイースト ————— 小さじ2
- 砂糖 ————— 大さじ2
- 水（40℃に温める）————— 150mℓ

B
- 強力粉 ————— 125g
- 塩 ————— 小さじ1/2

白ごま（いったもの）————— 大さじ4

作り方

1. 基本のパンのプロセスに従い、ボウルにAを混ぜ、Bを加えてよく混ぜる。ひとまとまりになったら台に出し、生地をこねる。
2. 生地が8割こね上がったら、白ごまを大さじ3加えて練り込む。
3. こね上がったら丸めてボウルに入れ、ラップをして一次発酵させ（約25分）、フィンガーチェックをする。
4. ガス抜きをして生地をボウルから出し、8個に分割して一つずつ丸め、かたく絞ったぬれぶきんをかけて5分おく。
5. 再度生地を丸め直し、表面に残りのごまをまぶして天板に並べ、かたく絞ったぬれぶきんをかけて二次発酵させる（約20分）。
6. ぬらした包丁で表面に十文字の切込みを入れ、180℃のオーブンで8分焼く。

1個　類似品 **260 kcal** → 低カロリーレシピ **168 kcal**

ハーブパン

基本の生地にバジルを練り込んだ
さわやかな香りのパン。
バジルに限らず、
ルッコラやセージなどもよく合います。
庭先にハーブを育てておくと
いつでも新鮮な香りが楽しめます。

材料（8個分）

- A
  - 強力粉 ──────── 125g
  - ドライイースト ──── 小さじ2
  - 砂糖 ───────── 大さじ2
  - 水（40℃に温める）── 150mℓ
- B
  - 強力粉 ──────── 125g
  - 塩 ────────── 小さじ1/2
- バジル（細かく刻む）──── 10枚
- パルメザンチーズ ───── 大さじ1

作り方

1. 基本のパンのプロセスに従い、ボウルにAを混ぜ、Bを加えてよく混ぜる。ひとまとまりになったら台に出し、生地をこねる。
2. 生地が8割こね上がったら、バジルとパルメザンチーズを練り込む。
3. こね上がったら丸めてボウルに入れ、ラップをして一次発酵させ(約25分)、フィンガーチェックをする。
4. ガス抜きをして生地をボウルから出し、8個に分割して一つずつ丸め、かたく絞ったぬれぶきんをかけて5分おく。
5. 生地を一つずつ両手で転がして、長さ20cmほどの棒状にのばし、結んで両端を重ねて裏に回してとめる。
6. 天板に並べ、かたく絞ったぬれぶきんをかけて二次発酵させ(約20分)、180℃のオーブンで8分焼く。

1個　類似品 **221 kcal** ➡ 低カロリーレシピ **127 kcal**

ナン

生地をこね、発酵させてのばし、
あとはフライパンで焼くだけの
お手軽インドパン。
本来はバターから作る
ギーという油脂を使用しますが、
バターなしでも、もちもちやわらかです。
どんなカレーにもよく合いますが、
「揚げないカレーパン」(p.48)のカレーにすれば、
ノンオイルで、より安心。

材料（6枚分）

A
- 強力粉 ——— 125g
- ドライイースト ——— 小さじ2
- 砂糖 ——— 大さじ2
- 水（40℃に温める） ——— 150ml

B
- 強力粉 ——— 125g
- 塩 ——— 小さじ1/2

作り方

1. 基本のパンのプロセスに従い、ボウルにAを混ぜ、Bを加えてよく混ぜる。ひとまとまりになったら台に出し、生地をこねる。
2. こね上がったら丸めてボウルに入れ、ラップをして一次発酵させ（約25分）、フィンガーチェックをする。
3. ガス抜きをして生地をボウルから出し、6個に分割して一つずつ丸め、かたく絞ったぬれぶきんをかけて10分おく。
4. 生地をめん棒で長さ20cmほどに細長くのばす。二次発酵はさせない。
5. フッ素樹脂加工のフライパンで、両面をこんがり焼き色がつくまで、弱火で2〜3分焼く。のばしたものから、順次焼いていくといい。

1枚　類似品 **196 kcal** → 低カロリーレシピ **164 kcal**

クリスピーピザ

こちらも二次発酵なしなので
スピーディにできます。
パンピザよりカリッとした生地。
お好みの具をのせて焼いてください。

材料(2枚分)

- A
  - 強力粉 — 125g
  - ドライイースト — 小さじ1弱
  - 砂糖 — 小さじ1
  - 水(40℃に温める) — 125ml
- B
  - 強力粉 — 125g
  - 塩 — 小さじ1/2弱
- ピザソース — 大さじ2
- 生ハム — 10枚
- トマト(種を取って薄い輪切り) 小1個分
- ピーマン(輪切り) — 1個分
- ルッコラ — 適量

作り方

1. 基本のパンのプロセスに従い、ボウルにAを混ぜ、Bを加えてよく混ぜる。ひとまとまりになったら台に出し、生地をこねる(基本のパンより、かための生地になる)。
2. こね上がったら丸めてボウルに入れ、ラップをして一次発酵させ(約25分)、フィンガーチェックをする。
3. ガス抜きをして生地をボウルから出し、2個に分割して丸める。かたく絞ったぬれぶきんをかけ、10分おく。
4. 生地をめん棒で直径20cmの円形に薄くのばしてオーブンペーパーにのせ、縁を1cm残して全体にフォークで穴をあける。二次発酵はさせない。
5. 表面にピザソースをぬり、トマト、ピーマンをのせて200℃のオーブンで20分焼く。オーブンから出してルッコラ、生ハムをのせる。

1/4枚 類似品 **324 kcal** → 低カロリーレシピ **143 kcal**

木の葉の田舎パン

強力粉、全粒粉、オートミールを使った生地に
くるみ、プルーンを練り込みました。
プルーンは鉄分を含む、女性にうれしい食品です。
オートミールの食感と全粒粉の香りが
プルーンの甘さによく合います。

材料（6個分）

A
- 強力粉 ———— 100g
- 全粒粉 ———— 25g
- ドライイースト ———— 小さじ2
- 砂糖 ———— 大さじ1 1/2
- 水（40℃に温める）———— 150ml
- レモン汁 ———— 大さじ1

B
- 強力粉 ———— 100g
- 全粒粉 ———— 25g
- 塩 ———— 小さじ1/2強

- オートミール ———— 15g
- くるみ ———— 大さじ1（7g）
- ドライプルーン ———— 4個

作り方

1 くるみは予熱をしないで170℃のオーブンで10分焼き、細かく刻む。ドライプルーンも細かく刻む。

2 基本のパンのプロセスに従い、ボウルにAを混ぜ、Bを加えてよく混ぜる。ひとまとまりになったら台に出し、生地をこねる。

3 生地が8割こね上がったら、オートミール、くるみ、ドライプルーンを加えて練り込む。

4 こね上がったら丸めてボウルに入れ、ラップをして一次発酵させ（約25分）、フィンガーチェックをする。

5 ガス抜きをして生地をボウルから出し、6個に分割して一つずつ丸め、かたく絞ったぬれぶきんをかけて10分おく。

6 生地を一つずつ長さ15cm程度の木の葉形にのばし、カードで模様をつける。

7 天板に並べ、かたく絞ったぬれぶきんをかけて二次発酵させ（約20分）、190℃のオーブンで9分焼く。

1個　類似品 **260 kcal** → 低カロリーレシピ **196 kcal**

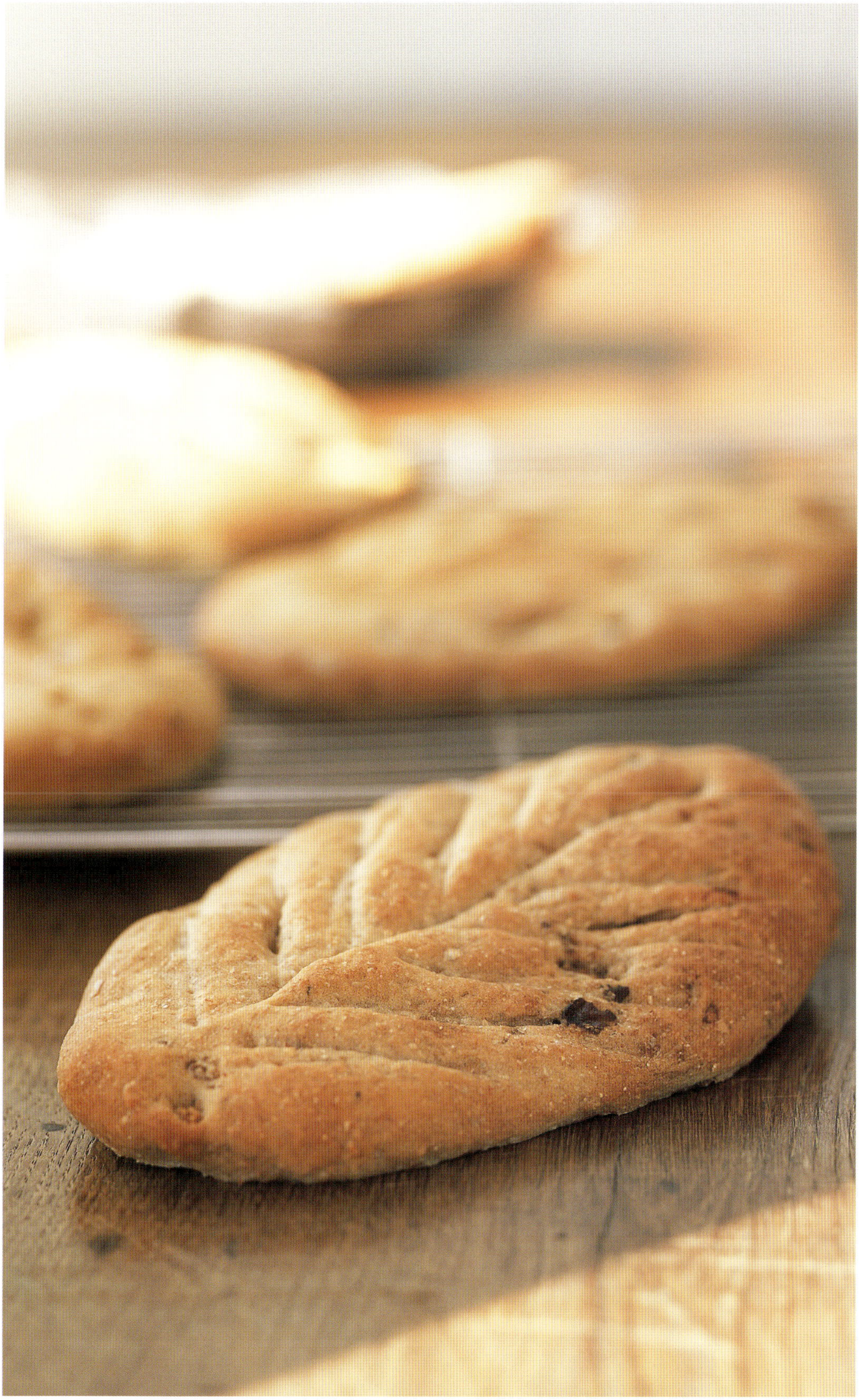

オートミールブレッド

オートミールはカルシウム、鉄分、
ビタミンB_2を多く含んでいます。
ただ、脂質も多いので控えめに使っています。
パンの上に飾ったオートミールが香ばしく、
その食感もおすすめです。

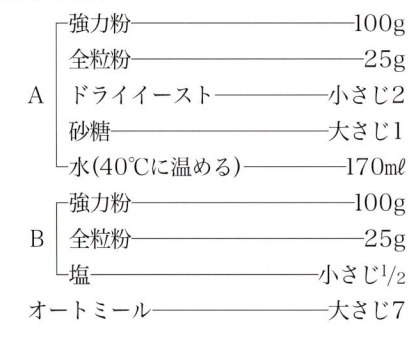

材料（8個分）

A
- 強力粉 ——— 100g
- 全粒粉 ——— 25g
- ドライイースト ——— 小さじ2
- 砂糖 ——— 大さじ1
- 水（40℃に温める）——— 170mℓ

B
- 強力粉 ——— 100g
- 全粒粉 ——— 25g
- 塩 ——— 小さじ1/2

オートミール ——— 大さじ7

作り方

1. 基本のパンのプロセスに従い、ボウルにAを混ぜ、Bを加えてよく混ぜる。ひとまとまりになったら台に出し、生地をこねる（基本のパンより、ゆるめの生地になる）。
2. 生地が8割こね上がったら、オートミール大さじ4を加えて練り込む。
3. こね上がったら丸めてボウルに入れ、ラップをして一次発酵させ（約25分）、フィンガーチェックをする。
4. ガス抜きをして生地をボウルから出し、8個に分割して一つずつ丸め、かたく絞ったぬれぶきんをかけて5分おく。
5. 再度生地を丸め直し、上にオートミール大さじ3をかけて天板に並べ、かたく絞ったぬれぶきんをかけて二次発酵させる（約20分）。190℃のオーブンで8分焼く。

1個　類似品 **180 kcal** ➡ 低カロリーレシピ **136 kcal**

栗のカンパーニュ

全粒粉を加えた生地に
栗とくるみを練り込んだ、
やさしい味のパンです。
栗は市販の甘露煮を使いましたが、
秋には生の栗を甘く煮て作ってください。

材料（1個分）

- A
  - 強力粉 ─── 75g
  - 全粒粉 ─── 50g
  - ドライイースト ─── 小さじ2
  - 砂糖 ─── 大さじ1
  - 水（40℃に温める） ─── 170mℓ
- B
  - 強力粉 ─── 75g
  - 全粒粉 ─── 50g
  - 塩 ─── 小さじ1/2強
- 栗の甘露煮 ─── 大さじ2
- くるみ ─── 大さじ1（7g）
- 全粒粉（表面用） ─── 適量

作り方

1. くるみは予熱をしないで170℃のオーブンで10分焼き、細かく刻む。栗も細かく刻む。
2. 基本のパンのプロセスに従い、ボウルにAを混ぜ、Bを加えてよく混ぜる。ひとまとまりになったら台に出し、生地をこねる。生地が8割こね上がったら、くるみ、栗を加えて練り込む（基本のパンより、ゆるめの生地になる）。
3. こね上がったら丸めてボウルに入れ、ラップをして一次発酵させ（約25分）、フィンガーチェックをする。
4. ガス抜きをして生地をボウルから出し、分割せずに一つに丸め、かたく絞ったぬれぶきんをかけて5分おく。
5. 再度生地を丸め直し、全粒粉を表面にまぶして天板に置き、かたく絞ったぬれぶきんをかけて二次発酵させる（約20分）。
6. 表面にカードで筋を6等分に入れ、190℃のオーブンで20分焼く。

1/6個　類似品 **232 kcal** ➡ 低カロリーレシピ **168 kcal**

ドライフルーツの赤ワインブレッド

水の代りに赤ワインでこねた、贅沢な大人のパン。
赤ワインの香りとほのかな酸味が漂います。
パンを切ると、うっすらピンクのきれいな色。
夕食に赤ワインを飲みながら食べると至福の喜びです。

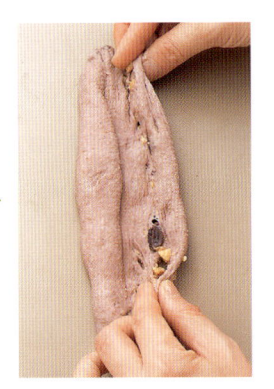

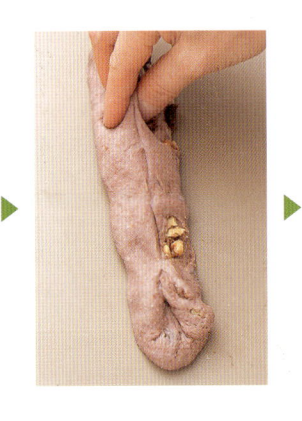

材料(4本分)

A
- 強力粉 ――― 85g
- 全粒粉 ――― 40g
- ドライイースト ――― 小さじ2
- 砂糖 ――― 大さじ2
- 赤ワイン(40℃に温める) ――― 170mℓ

B
- 強力粉 ――― 85g
- 全粒粉 ――― 40g
- 塩 ――― 小さじ1/2

- レーズン(赤ワイン50mℓに浸す) ――― 60g
- くるみ ――― 30g
- 全粒粉(表面用) ――― 適量

作り方

1 くるみは予熱をしないで170℃のオーブンで10分焼き、細かく刻む。赤ワインに浸したレーズンは、ふっくらもどったらキッチンペーパーに包んで水気を取る。

2 基本のパンのプロセスに従い、ボウルにAを混ぜ、Bを加えてよく混ぜる。ひとまとまりになったら台に出し、生地をこねる(基本のパンよりゆるめの生地になる)。

3 生地が8割こね上がったら、レーズン、くるみを加えて練り込む。

4 こね上がったら丸めてボウルに入れ、ラップをして一次発酵させ(約25分)、フィンガーチェックをする。

5 ガス抜きをして生地をボウルから出し、4個に分割して一つずつ丸め、かたく絞ったぬれぶきんをかけて10分おく。

6 生地をめん棒で長さ20cmほどの楕円にのばし、中央に向かって両端を半分にたたみ、さらに両端を合わせてつまみ、しっかりとめる。

7 表面に全粒粉をまぶし、天板に並べ、かたく絞ったぬれぶきんをかけて二次発酵させる(約20分)。

8 ぬらした包丁で1～2cm間隔に切込みを入れ、190℃のオーブンで12分焼く。

1本　類似品 **462 kcal** ➡ 低カロリーレシピ **371 kcal**

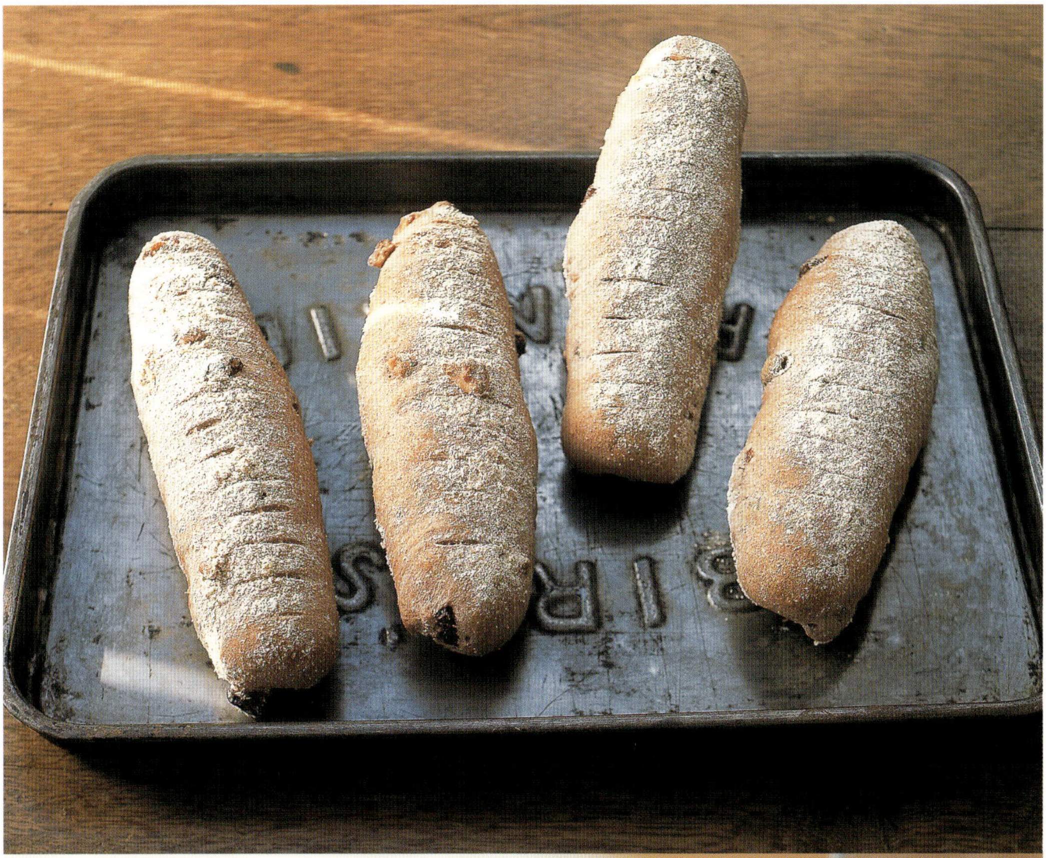

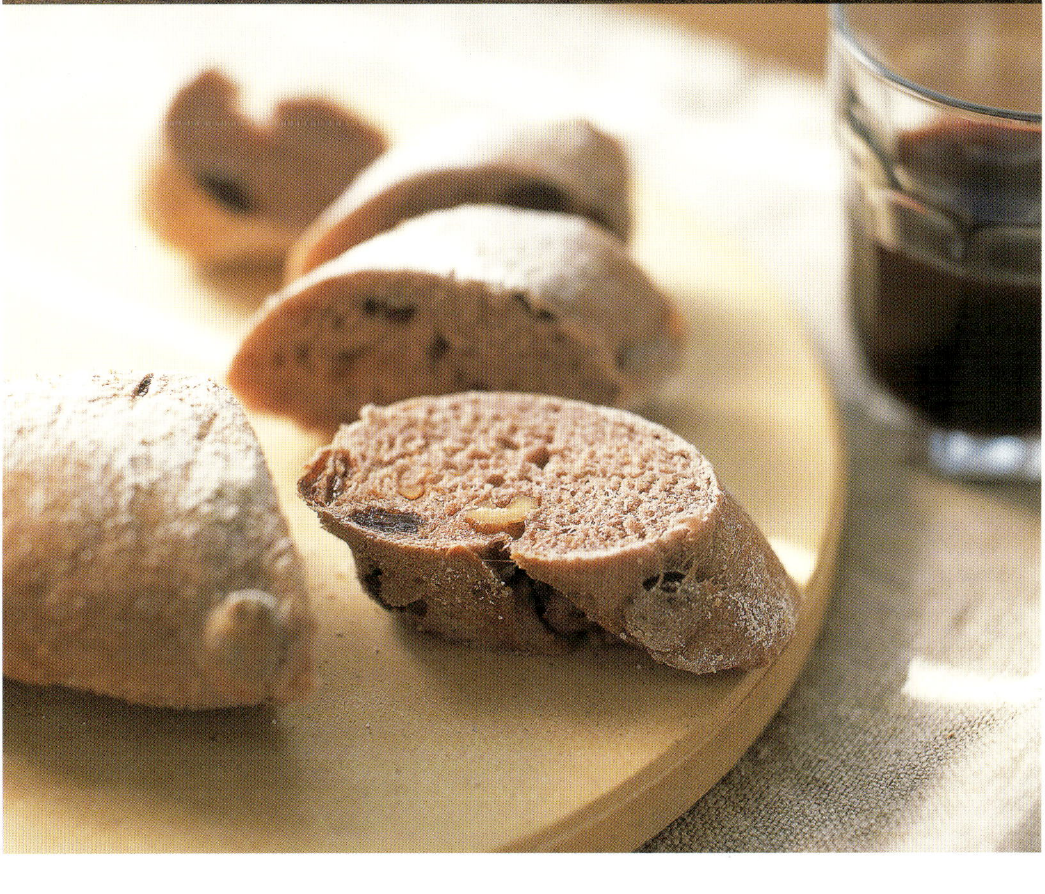

non butter | non oil

Type 2
牛乳でこねる しっとり生地

ノンノンの白パン

水をいっさい使わず、牛乳でこねる
しっとりふわふわのパン。
ノンノンとは、ノンバター、ノンオイルのノンノンです。
どんなおかずにも合う、毎日食べても飽きないパン。
ショートニングなどの油脂は使わず、
とても低カロリーになっています。

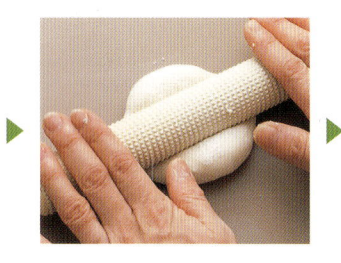

材料（8個分）

A
- 強力粉 ———— 125g
- ドライイースト ———— 小さじ2
- 砂糖 ———— 大さじ2 1/2
- 牛乳（40℃に温める）———— 175mℓ

B
- 強力粉 ———— 125g
- 塩 ———— 小さじ1/2

強力粉（表面用）———— 適量

作り方

1. ボウルにAの強力粉を入れ、ドライイーストと砂糖を隣合せに入れる。牛乳をイースト目がけて注ぎ、よく混ぜる。
2. イーストが完全に溶けたらBを加え、粉気がなくなるまで混ぜ、ひとまとまりになったらボウルから台に出し、なめらかになるまでよくこねる。
3. 生地を丸めてボウルに入れ、ラップをしてオーブンの発酵機能で一次発酵させ（約25分）、フィンガーチェックをする。
4. こぶしでやさしく押すようにしてガス抜きをし、生地をボウルから出して8個に分割して一つずつ丸める。かたく絞ったぬれぶきんをかけ、5分おく。
5. 一つずつ丸め直し、表面に強力粉をつけ、めん棒で中央にしっかりあとをつけ、溝の両端をつまんで形を整える。
6. オーブンペーパーを敷いた天板にのせ、かたく絞ったぬれぶきんをかけて、オーブンの発酵機能で二次発酵させる（約20分）。
7. 表面に強力粉を茶こしでふり、180℃のオーブンで8分焼く。

1個　類似品 **258 kcal** ➡ 低カロリーレシピ **140 kcal**

25

フーガス

本来はオリーブオイルを
たっぷり使って作るフーガスが、
油脂を使わなくてもやわらかく作れます。
穴のあけ方で
パンの表情が変わりますから、
楽しんで作ってください。

材料（4枚分）

- A
  - 強力粉 ———————— 125g
  - ドライイースト ———— 小さじ2
  - 砂糖 ————————— 大さじ2 1/2
  - 牛乳（40℃に温める）——— 175mℓ
- B
  - 強力粉 ———————— 125g
  - 塩 ————————— 小さじ1/2
- けしの実 ———————— 小さじ1
- パルメザンチーズ ———— 大さじ1/2
- 牛乳（つや出し用）———— 大さじ1

作り方

1. ノンノンの白パンのプロセスに従い、ボウルにAを混ぜ、Bを加えてよく混ぜる。ひとまとまりになったら台に出し、生地をこねる。
2. 生地を丸めてボウルに入れ、ラップをして一次発酵させ（約25分）、フィンガーチェックをする。
3. ガス抜きをして生地をボウルから出し、4個に分割して一つずつ丸める。かたく絞ったぬれぶきんをかけ、10分おく。
4. 一つずつめん棒で薄くのばし、25×15cm程度の楕円にする。天板にのせ、カードで数か所切り開いて模様をつけ、かたく絞ったぬれぶきんをかけて二次発酵させる（約20分）。
5. はけで表面に牛乳をぬり、2枚はけしの実、2枚はパルメザンチーズをふって、180℃のオーブンで12分焼く。

1枚　類似品 **333 kcal** ➡ 低カロリーレシピ **286 kcal**

ポテトサラダの花かごパン

マヨネーズを使わない
低カロリーのポテトサラダをお花に見立てて、
ふわふわのパン生地で作ったかごに入れます。
おかずいらずで朝食やランチにぴったりです。

材料（6個分）

- A
  - 強力粉 ──── 125g
  - ドライイースト ──── 小さじ2
  - 砂糖 ──── 大さじ2 1/2
  - 牛乳(40℃に温める) ──── 175mℓ
- B
  - 強力粉 ──── 125g
  - 塩 ──── 小さじ1/2
- じゃがいも ──── 1個
- 玉ねぎ(薄切り) ──── 1/2個分
- ミックスベジタブル ──── 大さじ2
- ヨーグルト(脱水する) ──── 大さじ1
- 塩、こしょう ──── 各少々
- 牛乳(つや出し用) ──── 大さじ1

＊ヨーグルトはキッチンペーパーを敷いたざるに入れ、冷蔵庫で一晩水気をきる。

作り方

1. じゃがいもは一口大に切ってやわらかくゆで、水気をとばす。ボウルにじゃがいも、玉ねぎ、ミックスベジタブルを入れ、ヨーグルト、塩、こしょうで味を調える。
2. ノンノンの白パンのプロセスに従い、ボウルにAを混ぜ、Bを加えてよく混ぜる。ひとまとまりになったら台に出し、生地をこねる。
3. 生地を丸めてボウルに入れ、ラップをして一次発酵させ(約25分)、フィンガーチェックをする。
4. ガス抜きをして生地をボウルから出し、6個に分割して一つずつ丸める。かたく絞ったぬれぶきんをかけ、10分おく。
5. 一つのかたまりから20g程度をとり、細くのばしてかごの持ち手にする。残りは直径10cm程度に丸くのばしてポテトサラダをのせ、持ち手をつける。
6. 天板にのせ、かたく絞ったぬれぶきんをかけて二次発酵させ(約20分)、はけで牛乳をぬって、180℃のオーブンで9分焼く。

1個　類似品 **258 kcal** ➡ 低カロリーレシピ **213 kcal**

黒糖レーズンパン

黒糖を使った白パンの生地に
レーズンをたっぷり混ぜました。
レーズンにはこくのある甘さの黒糖が
よく合います。
ふつうは入るバターがなくても、
しっとりふわふわにできます。

材料（8個分）

A
- 強力粉 ──────── 125g
- ドライイースト ──── 小さじ2
- 黒糖(粉末) ─────── 大さじ2 1/2
- 牛乳(40℃に温める) ── 175mℓ

B
- 強力粉 ──────── 125g
- 塩 ──────────── 小さじ1/2

レーズン ─────── 大さじ2(25g)

作り方

1. レーズンは水でもどし、ふっくらしたらキッチンペーパーに包んで水気を取る。
2. ノンノンの白パンのプロセスに従い、ボウルにAを混ぜ、Bを加えてよく混ぜる。ひとまとまりになったら台に出し、生地をこねる。8割こね上がったら、レーズンを加えて練り込む。
3. 生地を丸めてボウルに入れ、ラップをして一次発酵させ(約25分)、フィンガーチェックをする。
4. ガス抜きをして生地をボウルから出し、8個に分割して一つずつ丸める。かたく絞ったぬれぶきんをかけ、5分おく。
5. 一つずつ丸め直し、カードで3か所切込みを入れる。天板にのせ、かたく絞ったぬれぶきんをかけて二次発酵させる（約20分）。180℃のオーブンで8分焼く。

牛乳でこねるしっとり生地

1個　類似品　**205 kcal** → 低カロリーレシピ **148 kcal**

ハートのチョコパン

チョコといってもチョコレートは使わず、ココアを使います。
ココアはチョコレートから
カカオバターを脱脂したもので、
小麦粉より低カロリー。
ハートの形にすれば
バレンタインのプレゼントにもぴったりです。

材料（8個分）

A	強力粉	110g
	ドライイースト	小さじ2
	砂糖	大さじ2 1/2
	牛乳（40℃に温める）	175ml
B	強力粉	110g
	ココア	30g
	塩	小さじ1/2
ココア		大さじ1 1/2
グラニュー糖		大さじ2
牛乳（つや出し用）		大さじ1

作り方

1. ノンノンの白パンのプロセスに従い、ボウルにAを混ぜ、Bを加えてよく混ぜる。ひとまとまりになったら台に出し、生地をこねる。
2. 生地を丸めてボウルに入れ、ラップをして一次発酵させ（約25分）、フィンガーチェックをする。
3. ガス抜きをして生地をボウルから出し、8個に分割して一つずつ丸める。かたく絞ったぬれぶきんをかけ、10分おく。
4. 一つずつめん棒で10×5cmに広げ、ココアとグラニュー糖をふって巻き、巻終りをしっかりとめる。半分にたたんで端を1cm残してカードで二つに切り開いてハート形にする。天板にのせ、かたく絞ったぬれぶきんをかけて二次発酵させる（約20分）。
5. はけで牛乳をぬって180℃のオーブンで8分焼く。

1個　類似品　**235 kcal**　→　低カロリーレシピ　**152 kcal**

キャロットパン

白パンの生地に、ゆでたにんじんを練り込みます。
きれいなオレンジ色の生地を
かわいいにんじんの形に仕上げれば、
にんじん嫌いのお子さんも
食べてくれるにちがいありません。

材料(6個分)

にんじん————————65g(正味)
A ┌ 強力粉————————125g
　├ ドライイースト————小さじ2
　├ 砂糖————————大さじ3
　└ 牛乳(40℃に温める)————110mℓ
B ┌ 強力粉————————125g
　└ 塩—————————小さじ1/2
強力粉(表面用)————————適量

作り方

1 にんじんはやわらかくゆでて、細かく刻む。

2 ノンノンの白パンのプロセスに従い、ボウルにAを混ぜ、Bとにんじんを加えてよく混ぜる。ひとまとまりになったら台に出し、生地をこねる。

3 生地を丸めてボウルに入れ、ラップをして一次発酵させ(約25分)、フィンガーチェックをする。

4 ガス抜きをして生地をボウルから出し、6個に分割して一つずつ丸める。かたく絞ったぬれぶきんをかけ、10分おく。

5 生地を一つずつ3対1に分け、大きいほうは転がしながらにんじんの形にする。小さいほうを平たくのばして上につけ、カードで2か所切込みを入れる。

6 天板にのせ、かたく絞ったぬれぶきんをかけて二次発酵させる(約20分)。にんじんの上部に、ぬらしたはさみで3か所切込みを入れる。

7 茶こしで強力粉をふり、180℃のオーブンで8分焼く。

牛乳でこねるしっとり生地

1個　類似品 **250 kcal** → 低カロリーレシピ **185 kcal**

31

ほうれん草パン

ほうれん草を生地に練り込むと
薄いグリーンの
きれいな生地ができ上がります。
野菜をパン生地に加えると
ビタミンでイーストが活性化して
パンもよくふくらみます。
朝食に、目玉焼きなど卵料理とよく合います。

材料(6個分)

ほうれん草(ゆでて絞ったもの)——40g
A
- 強力粉——125g
- ドライイースト——小さじ2
- 砂糖——大さじ2 1/2
- 牛乳(40℃に温める)——140mℓ

B
- 強力粉——125g
- 塩——小さじ1/2

強力粉(表面用)——適量

作り方

1. ほうれん草はゆでて水にさらしてあくを抜き、水気を絞って細かく刻む。
2. ノンノンの白パンのプロセスに従い、ボウルにAを混ぜ、Bとほうれん草を加えてよく混ぜる。ひとまとまりになったら台に出し、生地をこねる。
3. 生地を丸めてボウルに入れ、ラップをして一次発酵させ(約25分)、フィンガーチェックをする。
4. ガス抜きをして生地をボウルから出し、6個に分割して一つずつ丸める。かたく絞ったぬれぶきんをかけ、10分おく。
5. 生地を一つずつ4対1に分け、大きいほうは13×10cmほどの小判形にのばし、両端をたたむ。小さいほうは転がして長くのばし、大きいほうのたたんだ周囲をくるりと巻く。カードで2か所切込みを入れてほうれん草の形にする。
6. 天板にのせ、かたく絞ったぬれぶきんをかけて二次発酵させ(約20分)、茶こしで強力粉をふって、180℃のオーブンで8分焼く。

1個　類似品 **242 kcal** → 低カロリーレシピ **184 kcal**

かぼちゃパン

ハロウィーンや冬至によく作ります。
お教室でも大人気のパン。
かぼちゃを練り込むと
なぜかとてもやわらかいパンができます。
せっかくの色を大切にしたいので、
焼き色がつかないよう、粉をふって焼きます。

材料（6個分）

かぼちゃ ──────── 50g(正味)
A ┬ 強力粉 ──────── 125g
　├ ドライイースト ──── 小さじ2
　├ 砂糖 ───────── 大さじ2 1/2
　└ 牛乳(40℃に温める) ── 140mℓ
B ┬ 強力粉 ──────── 125g
　└ 塩 ────────── 小さじ1/2
強力粉(表面用) ─────── 適量

作り方

1. かぼちゃは一口大に切って皮をむく。やわらかくゆで、水気をきってつぶして冷ます。
2. ノンノンの白パンのプロセスに従い、ボウルにAを混ぜ、Bとかぼちゃを加えてよく混ぜる。ひとまとまりになったら台に出し、生地をこねる。
3. 生地を丸めてボウルに入れ、ラップをして一次発酵させる(約25分)、フィンガーチェックをする。
4. ガス抜きをして生地をボウルから出し、6個に分割して一つずつ丸める。かたく絞ったぬれぶきんをかけ、10分おく。
5. 生地の一部をとって軸の形にし、残りをかぼちゃの形に丸めて、軸をつける。ぬらしたはさみで3か所切込みを入れる。
6. 天板にのせ、かたく絞ったぬれぶきんをかけて二次発酵させる(約20分)。茶こしで強力粉をふって180℃のオーブンで8分焼く。

1個　類似品 **250 kcal** ➡ 低カロリーレシピ **185 kcal**

ミルク食パン

わが家の朝食の定番は、このミルク食パン。
焼き上がったらよく冷まし、好みの厚さに切って冷凍しておけば
いつでも焼きたてのおいしさを楽しめます。
もちろんショートニングは使いませんが、
こねるとき手に水をつけながら乾燥させないようにすれば
きちんとふくらみます。

材料(9.5×19×高さ9cmの1斤型1台分)

A
- 強力粉 —— 150g
- ドライイースト —— 小さじ2 1/2
- 砂糖 —— 大さじ2
- 牛乳(40℃に温める) —— 195ml

B
- 強力粉 —— 150g
- 塩 —— 小さじ1/2
- 水あめ —— 小さじ1/2

作り方

1. ノンノンの白パンのプロセスに従い、ボウルにAを混ぜ、Bを加えてよく混ぜる。ひとまとまりになったら台に出し、生地をしっかりよくこねる。
2. 生地を丸めてボウルに入れ、ラップをして一次発酵させ(約25分)、フィンガーチェックをする。
3. ガス抜きをして生地をボウルから出し、2個に分割して一つずつ丸める。かたく絞ったぬれぶきんをかけ、10分おく。
4. めん棒で15×20cmの長方形にのばし、長いほうの両端を中心に向けてたたみ、手前から巻いて最後をつまんでとめる。
5. とじ目を下にして型に入れ、軽く押して型になじませる。天板にのせ、かたく絞ったぬれぶきんをかけて二次発酵させる。型から生地が1.5cm程度上がってきたら、発酵完了。
6. 180℃のオーブンで20分焼く。焼き上がったらオーブンから出し、型ごと30cmぐらいの高さから落とす。こうすると、冷めてもサイドがへこまない。

牛乳でこねるしっとり生地

1/6量　類似品 **297 kcal** → 低カロリーレシピ **217 kcal**

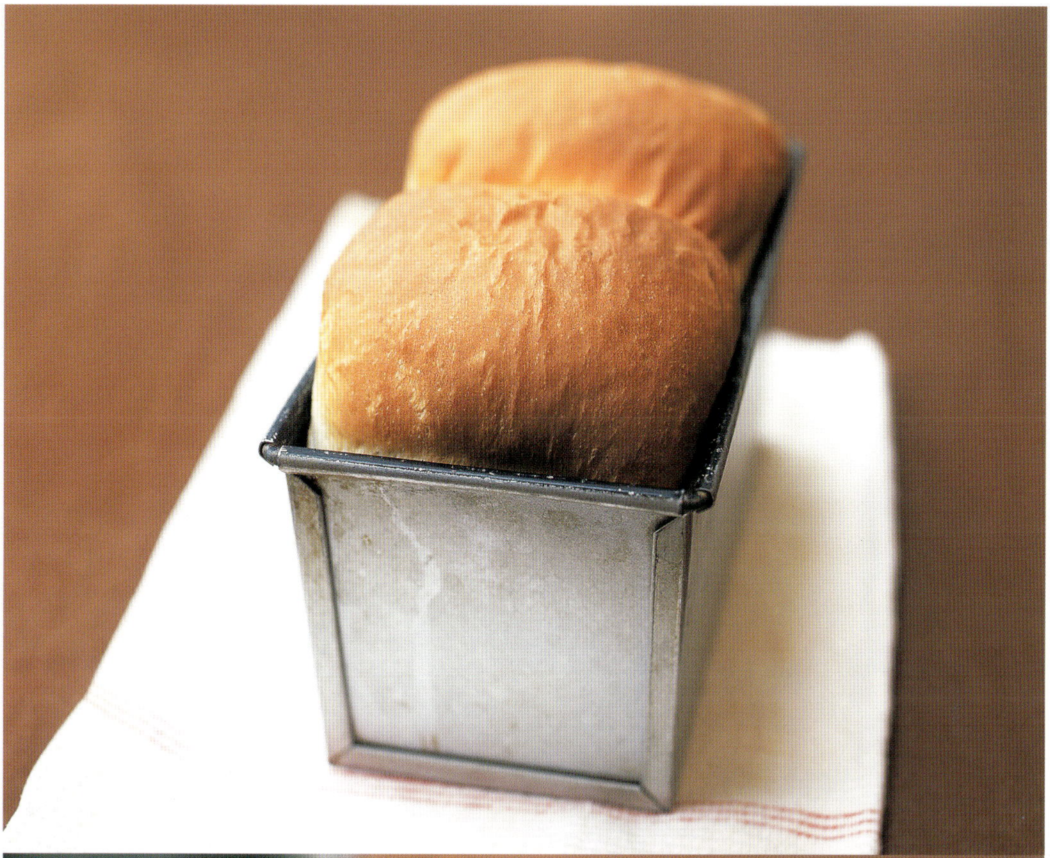

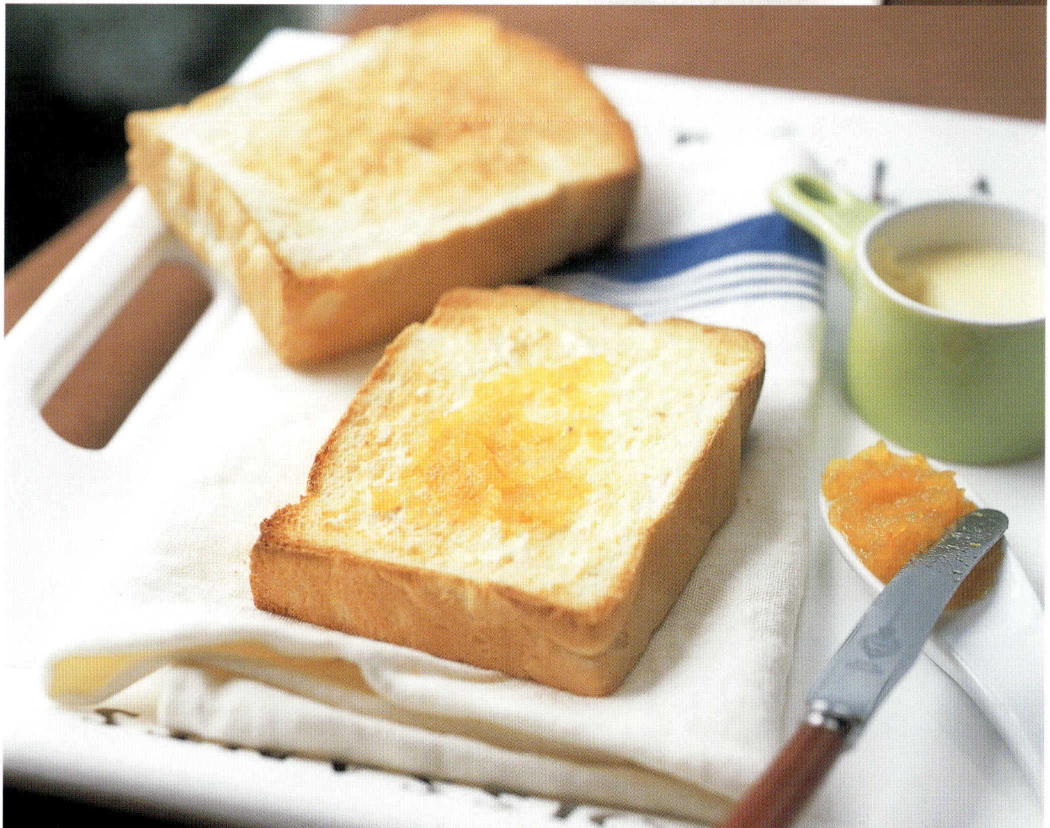

カフェオレ食パン

スライスすると
2色でロールされた切り口がとてもきれい。
コーヒーの香りが漂います。
生地を途中から2色に分けて作っていくので、
生地を二つ作る手間がかかりません。
食パンと同様に丁寧にこねてください。

材料（9.5×19×高さ9cmの1斤型1台分）

A
- 強力粉 ──────── 150g
- ドライイースト ──── 小さじ2 1/2
- 砂糖 ───────── 大さじ2
- 牛乳（40℃に温める）── 175mℓ
- コンデンスミルク ─── 大さじ2

B
- 強力粉 ──────── 150g
- 塩 ────────── 小さじ1/2

インスタントコーヒー ───── 大さじ1

作り方

1. ノンノンの白パンのプロセスに従い、ボウルにAを混ぜ、Bを加えてよく混ぜる。ひとまとまりになったら台に出し、ミルク食パンと同様によくこねる。

2. 生地が8割こね上がったら二つに分け、片方に湯小さじ1/2で溶いたインスタントコーヒーを混ぜてこねる。もう一方はそのままこねる。

3. 生地をそれぞれ丸めて別々のボウルに入れ、ラップをして一次発酵させ（約25分）、フィンガーチェックをする。

4. ガス抜きをして生地をボウルから出し、一つずつ丸める。かたく絞ったぬれぶきんをかけ、10分おく。

5. めん棒で白いほうを23×18cmにのばし、コーヒー入りを重ねてのばし、手前から巻いて最後をつまんでとめる。

6. とじ目を下にして型に入れ、軽く押して型になじませ、天板にのせてかたく絞ったぬれぶきんをかけて二次発酵させる。型から生地が1.5cm程度上がってきたら、発酵完了。

7. 180℃のオーブンで20分焼く。焼き上がったらオーブンから出し、型ごと30cmぐらいの高さから落とす。こうすると、冷めてもサイドがへこまない。

1/6量　類似品 **285 kcal** → 低カロリーレシピ **227 kcal**

コーン食パン

コーンの自然な甘みと香りが
口の中に広がります。
粒の細かいコーンミールを使うと
ふくらみもよく、ふわふわにでき上がります。

材料(9.5×19×高さ9cmの1斤型1台分)

A ┬ 強力粉 —————————140g
　├ コーンミール ———————25g
　├ ドライイースト ——小さじ2 1/2
　├ 砂糖 ————————————大さじ2
　└ 牛乳(40℃に温める)————195ml

B ┬ 強力粉 —————————135g
　├ 塩 ——————————小さじ1/2
　└ 水あめ ————————小さじ1/2

コーン(缶詰または冷凍)————大さじ3

作り方

1 コーンはキッチンペーパーに包んでよく水気を取る。

2 ノンノンの白パンのプロセスに従い、ボウルにAを混ぜ、Bを加えてよく混ぜる。ひとまとまりになったら台に出し、ミルク食パンと同様によくこねる。

3 生地を丸めてボウルに入れ、ラップをして一次発酵させ(約25分)、フィンガーチェックをする。

4 ガス抜きをし、生地をボウルから出して丸める。かたく絞ったぬれぶきんをかけ、10分おく。

5 めん棒で23×18cmの長方形にのばし、コーンをのせて手前から巻き、最後をつまんでとめる。

6 とじ目を下にして型に入れ、軽く押して型になじませ、天板にのせてかたく絞ったぬれぶきんをかけて二次発酵させる。型から生地が1.5cm程度上がってきたら、発酵完了。

7 180℃のオーブンで20分焼く。焼き上がったらオーブンから出し、型ごと30cmぐらいの高さから落とす。こうすると、冷めてもサイドがへこまない。

1/6個　類似品 **332 kcal** ➡ 低カロリーレシピ **222 kcal**

ベーグル

牛乳と水、半々でこねます。
ベーグルはもともと油脂が少なく低カロリーのパンですが、
市販のものはショートニングを使っているものが多いようです。
二次発酵後にゆでてから焼きます。

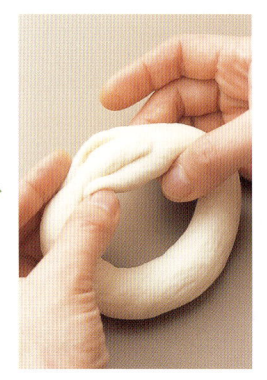

材料(6個分)

A ┬ 強力粉 ──────── 125g
　├ ドライイースト ──── 小さじ2
　├ 砂糖 ──────── 大さじ1
　├ 牛乳(40℃に温める) ── 80mℓ
　├ 水(40℃に温める) ─── 80mℓ
　└ レモン汁 ─────── 2～3滴

B ┬ 強力粉 ──────── 125g
　└ 塩 ────────── 小さじ1/2

作り方

1. ノンノンの白パンのプロセスに従い、ボウルにAを混ぜ、Bを加えてよく混ぜる。ひとまとまりになったら台に出し、生地をこねる(白パンよりかための生地になる)。

2. 生地を丸めてボウルに入れ、ラップをして一次発酵させ(約25分)、フィンガーチェックをする。

3. ガス抜きをして生地をボウルから出し、6個に分割して一つずつ丸める。かたく絞ったぬれぶきんをかけ、10分おく。

4. 一つずつ転がしながら長さ25cmほどの棒状にのばし、両端をしっかりとめて輪にする。

5. 1個ずつオーブンペーパーにのせて天板に並べ、かたく絞ったぬれぶきんをかけて短めに二次発酵させる(約15分)。

6. フライパンに水を6分目くらい入れ、砂糖大さじ1(分量外)を加えて火にかける。底から泡が出てくるようになったら火を弱め、片面30秒ずつゆでる。

7. 水気をきって天板に並べ、180℃のオーブンで14分焼く。

1個　類似品 **205 kcal** ➡ 低カロリーレシピ **167 kcal**

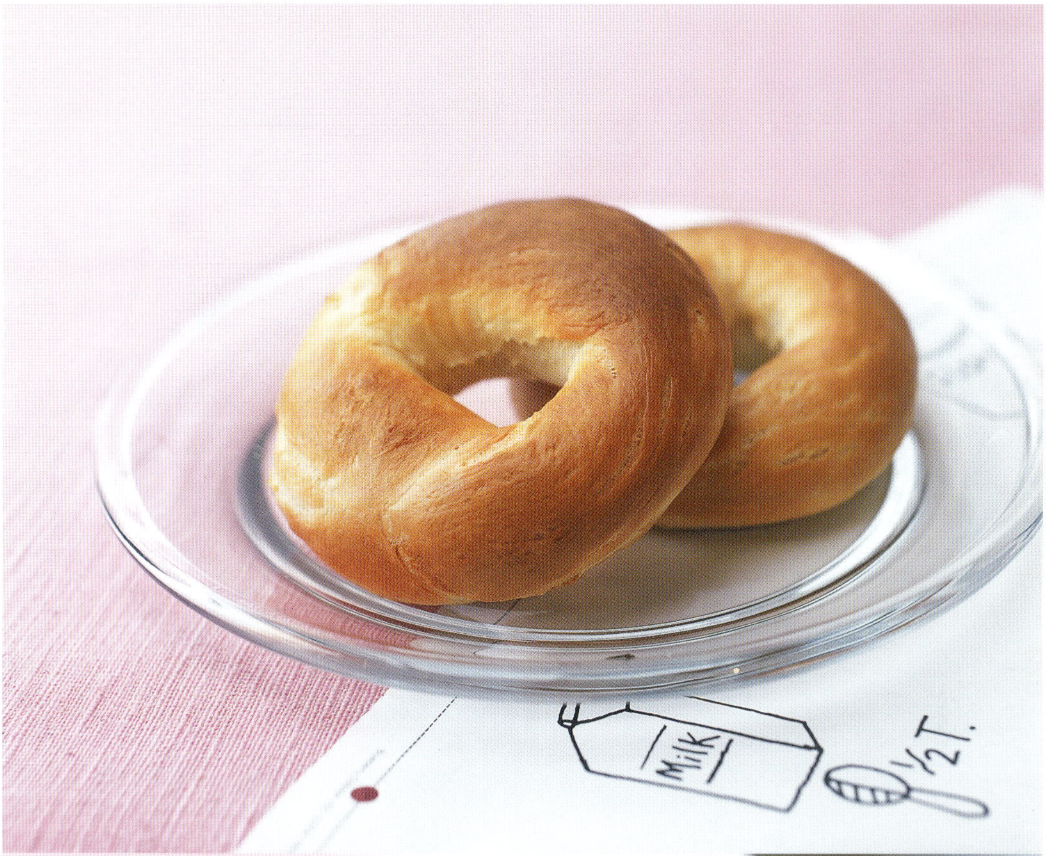
MILK

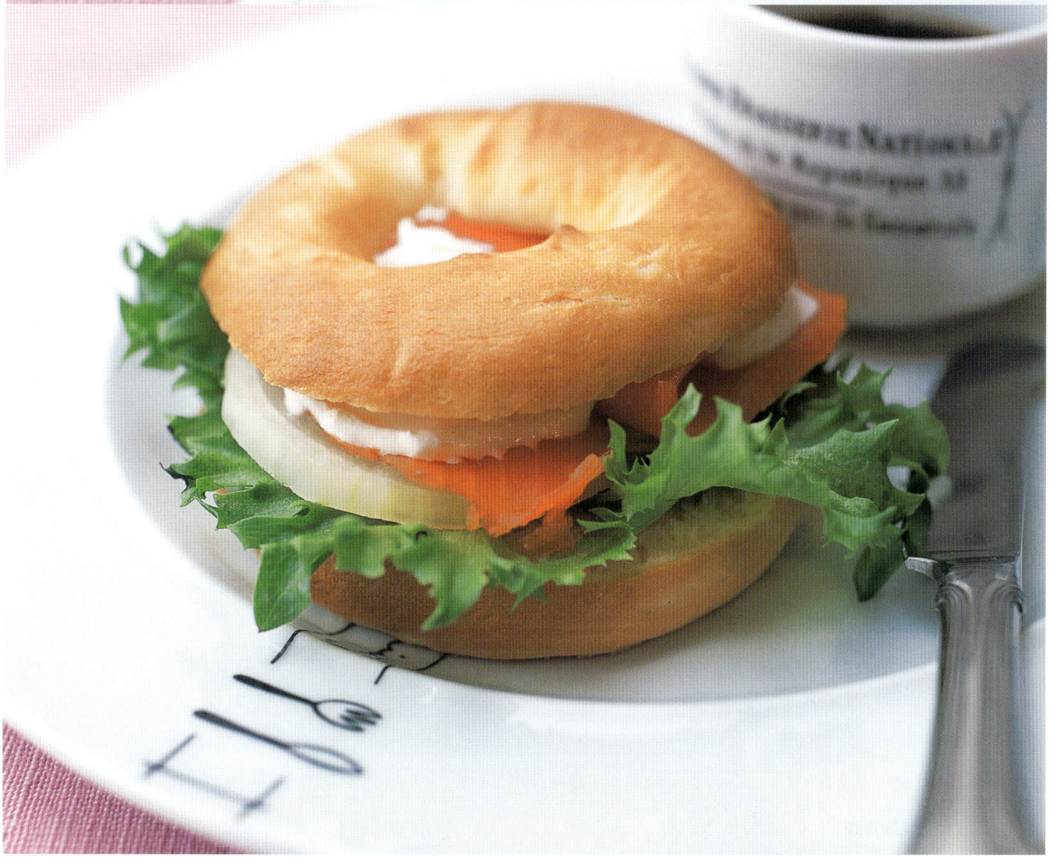

チョコとクランベリーのベーグル

ココアを練り込んだ生地に
ドライクランベリーを混ぜます。
クランベリーの酸味が
チョコの風味ととてもよく合います。
ベーグルの生地にレモン汁を加えるのは、
ゆでてもイーストの働きが
弱まらないようにするためです。

材料（6個分）

A
- 強力粉 ———————— 110g
- ドライイースト ———— 小さじ2
- 砂糖 ———————— 大さじ2
- 牛乳（40℃に温める）—— 80mℓ
- 水（40℃に温める）—— 80mℓ
- レモン汁 ———————— 2～3滴

B
- 強力粉 ———————— 110g
- ココア ———————— 30g
- 塩 ———————— 小さじ1/2

ドライクランベリー ———— 40g

作り方

1. ドライクランベリーは水でもどしてキッチンペーパーでよく水気を取る。
2. ノンノンの白パンのプロセスに従い、ボウルにAを混ぜ、Bを加えてよく混ぜる。ひとまとまりになったら台に出し、生地をこねる。生地が8割こね上がったらクランベリーを練り込む（白パンよりかための生地になる）。
3. 生地を丸めてボウルに入れ、ラップをして一次発酵させ(約25分)、フィンガーチェックをする。
4. ガス抜きをして生地をボウルから出し、6個に分割して一つずつ丸める。かたく絞ったぬれぶきんをかけ、10分おく。
5. 一つずつ転がして長さ25cmほどの棒状にのばし、両端をしっかりとめて輪にする。1個ずつオーブンペーパーにのせて天板に並べ、かたく絞ったぬれぶきんをかけて短めに二次発酵させる(約15分)。
6. フライパンに水を6分目くらい入れ、砂糖大さじ1（分量外）を加えて火にかける。底から泡が出てくるようになったら火を弱め、片面30秒ずつゆでる。
7. 水気をきって天板に並べ、180℃のオーブンで14分焼く。

牛乳でこねるしっとり生地

1個　類似品 **246 kcal** ➡ 低カロリーレシピ **174 kcal**

きな粉ベーグル

和の素材のきな粉が、ベーグルの
もっちりした食感にとてもよく合って、
まるできな粉餅のようなおいしさ。
半分にスライスして
あんこをぬって食べるのもおすすめです。

材料（6個分）

A
- 強力粉 —————————— 110g
- ドライイースト ————— 小さじ2
- 砂糖 ——————————— 大さじ2
- 牛乳（40℃に温める）——— 80mℓ
- 水（40℃に温める）———— 80mℓ
- レモン汁 ——————— 2～3滴

B
- 強力粉 —————————— 110g
- きな粉 ——————————— 30g
- 塩 ——————————— 小さじ1/2

きな粉、グラニュー糖 ———— 各大さじ2

作り方

1. ノンノンの白パンのプロセスに従い、ボウルにAを混ぜ、Bを加えてよく混ぜる。ひとまとまりになったら台に出し、生地をこねる（白パンよりかための生地になる）。
2. 生地を丸めてボウルに入れ、ラップをして一次発酵させ（約25分）、フィンガーチェックをする。
3. ガス抜きをして生地をボウルから出し、8個に分割して一つずつ丸める。かたく絞ったぬれぶきんをかけ、10分おく。
4. 一つずつ転がして長さ25cmほどの棒状にのばし、両端をしっかりとめて輪にする。1個ずつオーブンペーパーにのせて天板に並べ、かたく絞ったぬれぶきんをかけて短めに二次発酵させる（約15分）。
5. フライパンに水を6分目くらい入れ、砂糖大さじ1（分量外）を加えて火にかける。底から泡が出てくるようになったら火を弱め、片面30秒ずつゆでる。
6. 水気をきって天板に並べ、きな粉とグラニュー糖を混ぜたものをかけ、180℃のオーブンで14分焼く。

1個　類似品 **244 kcal** → 低カロリーレシピ **178 kcal**

玄米蒸しパン

市販の蒸しパンは
植物性油脂を使っていて高カロリーですが、
使用しなくても
しっとりつやつやに蒸し上がります。
こつは蒸し上がったら
うちわであおいで表面を冷ますこと。
冷凍して蒸し直せば、
いつでもできたてが味わえます。

材料（8個分）

A
- 強力粉 ――――― 100g
- ドライイースト ――― 小さじ2
- 黒砂糖（粉末状のもの） ― 大さじ3
- 牛乳（40℃に温める） ― 100mℓ
- 水（40℃に温める） ――― 50mℓ

B
- 強力粉 ――――― 50g
- 玄米粉 ――――― 50g
- 塩 ――――――― 小さじ1/2
- ベーキングパウダー ― 小さじ1/2

いり黒ごま ――――― 大さじ1

作り方

1. ノンノンの白パンのプロセスに従い、ボウルにAを混ぜ、Bを加えてよく混ぜる。ひとまとまりになったら台に出し、生地をこねる。
2. 生地を丸めてボウルに入れ、ラップをして一次発酵させ（約25分）、フィンガーチェックをする。
3. ガス抜きをして生地をボウルから出し、8個に分割して一つずつ丸める。かたく絞ったぬれぶきんをかけ、5分おく。
4. 生地を一つずつ丸め直してオーブンペーパーにのせ、せいろに並べて湯を40℃に温め、二次発酵させる（約15分）。
5. いったんせいろをはずして上にごまをふり、湯を沸騰させ、再びせいろをのせて中火で15分蒸す。
6. すぐに火から下ろし、うちわであおいで表面を冷ます。

牛乳でこねるしっとり生地

1個　類似品 **229 kcal** → 低カロリーレシピ **144 kcal**

よもぎあんパン

和風のパンだからと油断はできません。
市販のものは意外にバターたっぷりで
生地を作っていることが多いのです。
しっとり白パンの生地に
よもぎを練り込んだこのパンは、
春の香りが口いっぱいに広がります。
生のよもぎをゆでてあく抜きし、
細かく刻んで入れてもできます。

材料（8個分）

A
- 強力粉 ———————— 125g
- ドライイースト ———— 小さじ2
- 砂糖 ———————— 大さじ2
- 牛乳（40℃に温める）———— 175ml
- 乾燥よもぎ ———————— 7g
  （生のよもぎの場合は、やわらかく
  ゆで、水気を絞って20g）

B
- 強力粉 ———————— 125g
- 塩 ———————— 小さじ1/2

あんこ（市販）———————— 220g
けしの実 ———————— 小さじ2

作り方

1. 乾燥よもぎはたっぷりの水に浸して10分ほどおいてもどし、茶こしで水気をきって、さらに手で押して水気をよく絞る。あんこは8等分して丸める。
2. ノンノンの白パンのプロセスに従い、ボウルにAを混ぜ、Bを加えてよく混ぜる。ひとまとまりになったら台に出し、生地をこねる。
3. 生地を丸めてボウルに入れ、ラップをして一次発酵させ（約25分）、フィンガーチェックをする。
4. ガス抜きをして生地をボウルから出し、8個に分割して一つずつ丸める。かたく絞ったぬれぶきんをかけ、10分おく。
5. めん棒で生地を小判形に広げてあんこを中央にのせ、つまんでしっかりとめて卵形に整える。先をぬらしたはさみで2か所切込みを入れ、かたく絞ったぬれぶきんをかけて二次発酵させる（約20分）。
6. 上にけしの実をかけ、180℃のオーブンで8分焼く。

1個　類似品 **354 kcal** → 低カロリーレシピ **187 kcal**

non butter | non oil

Type 3
卵を加えた さっくり生地

ロールパン

市販のものはたくさんのバターと卵を
練り込んで作りますが、
バターは使わず、卵も控えめにした
低カロリーのパン生地で作ります。
巻き目を楽しむパンなので、細長くのばして、
たくさん巻いて作ってください。

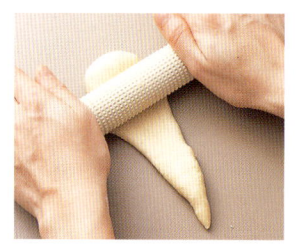

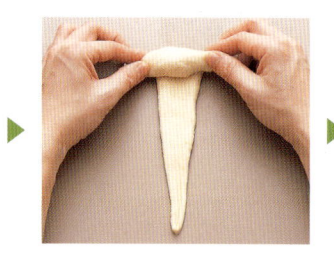

材料(8個分)

- A
  - 強力粉 ──── 125g
  - ドライイースト ──── 小さじ2
  - 砂糖 ──── 大さじ2 1/2
  - 卵 ──── 1個(50g)
  - 水(40℃に温める) ──── 100mℓ
- B
  - 強力粉 ──── 125g
  - 塩 ──── 小さじ1/2
- とき卵 ──── 適量

作り方

1. ボウルにAの強力粉を入れ、ドライイーストと砂糖を隣合せに入れる。卵はときほぐしてイーストから離して入れ、水をイースト目がけて注ぎ、よく混ぜる。
2. イーストが完全に溶けたらBを加え、粉気がなくなるまで混ぜ、ひとまとまりになったらボウルから台に出し、なめらかになるまでよくこねる。
3. 生地を丸めてボウルに入れ、ラップをしてオーブンの発酵機能で一次発酵させ(約25分)、フィンガーチェックをする。
4. こぶしでやさしく押すようにしてガス抜きをし、生地をボウルから出して8個に分割して一つずつ丸める。かたく絞ったぬれぶきんをかけ、10分おく。
5. 転がしながら片方は太く、もう片方は細く、長さ20cmほどにのばす。
6. 細いほうを手前にして置き、めん棒でのばす。太いほうから3/4をいったん持ち上げ、手前にくるくる巻き、とじ目を下にしてオーブンペーパーを敷いた天板に並べる。
7. かたく絞ったぬれぶきんをかけて、オーブンの発酵機能で二次発酵させる(約20分)。
8. はけでとき卵をぬり、180℃のオーブンで8分焼く。

1個　類似品 **189 kcal** → 低カロリーレシピ **136 kcal**

45

オニオンブレッド

卵を入れたさっくり生地に
玉ねぎをたっぷり巻き込んだ、
食事に合うパン。
玉ねぎは油で炒めずに
レンジで加熱して甘みを引き出しました。
教室でブームになった大人気のパンです。

材料（2個分）

A
- 強力粉 ———— 125g
- ドライイースト ———— 小さじ2
- 砂糖 ———— 大さじ2 1/2
- 卵 ———— 1個（50g）
- 水（40℃に温める） ———— 100mℓ

B
- 強力粉 ———— 125g
- 塩 ———— 小さじ1/2

- 玉ねぎ ———— 150g（正味）
- パルメザンチーズ ———— 小さじ1
- とき卵 ———— 適量

作り方

1. 玉ねぎはみじん切りにし、水にさらして水気をきる。耐熱容器に入れ、ラップをかけずに電子レンジで4分加熱して水気をよくきる。
2. ロールパンのプロセスに従い、ボウルにAを混ぜ、Bを加えてよく混ぜる。まとまったら台に出し、生地をこねる。
3. 生地を丸めてボウルに入れ、ラップをして一次発酵させ（約25分）、フィンガーチェックをする。
4. ガス抜きをして生地をボウルから出し、2個に分割して丸め、かたく絞ったぬれぶきんをかけて10分おく。
5. めん棒でそれぞれ20×25cmの長方形にのばし、玉ねぎとパルメザンチーズをのせて手前から巻き、巻終りをよくとめる。端を2cm残して縦半分にカードで切り、互いに交差させて編む。
6. 天板にのせ、かたく絞ったぬれぶきんをかけて二次発酵させる（約20分）。はけでとき卵をぬり、180℃のオーブンで15分焼く。

卵を加えたさっくり生地

1/3個　類似品 **342 kcal** → 低カロリーレシピ **191 kcal**

オムレツパン

朝食のパンとオムレツをドッキング。
パン生地の上に彩りよく野菜を並べ、
卵を流し込んで焼きます。
マッシュルーム、玉ねぎなどお好みの野菜で。

材料(20cmの角型1台分)

```
    ┌ 強力粉 ──────── 125g
    │ ドライイースト ──── 小さじ2
  A │ 砂糖 ───────── 大さじ2 1/2
    │ 卵 ────────── 1個(50g)
    └ 水(40℃に温める) ── 100㎖
  B ┌ 強力粉 ──────── 125g
    └ 塩 ───────── 小さじ1/2
  卵 ─────────────── 2個
  ハム ────────────── 2枚
  ミニトマト ───────────── 3個
  ピーマン ───────────── 1/2個
  塩、こしょう ─────────── 各少々
```

作り方

1. ハムは食べやすく切る。ミニトマトとピーマンは薄く輪切りにする。型にオーブンペーパーを敷く。
2. ロールパンのプロセスに従い、ボウルにAを混ぜ、Bを加えてよく混ぜる。まとまったら台に出し、生地をこねる。
3. 生地を丸めてボウルに入れ、ラップをして一次発酵させ(約25分)、フィンガーチェックをする。
4. ガス抜きをして生地をボウルから出し、4対1に分割して丸め、かたく絞ったぬれぶきんをかけて10分おく。
5. 大きいほうは20cm角にめん棒でのばし、型に敷く。小さいほうは転がして80cmにのばし、周囲にのせて縁にし、かたく絞ったぬれぶきんをかけて二次発酵させる(20分)。
6. 上にハムと野菜を並べ、塩、こしょうをふってとき卵を流し、180℃のオーブンで20分焼く。

1/6個　類似品 **333 kcal** ➡ 低カロリーレシピ **215 kcal**

揚げないカレーパン

油で揚げたカレーパンはパン生地が油を吸い込むため、
とても高カロリー。揚げなくても、
オーブンでから焼きしたパン粉をつければ
このとおり見た目も変わりません。
カレーも電子レンジで手軽に、
もちろんノンオイルで作ります。

材料（6個分）

A
- 強力粉 ――――――― 125g
- ドライイースト ――― 小さじ2
- 砂糖 ――――――― 大さじ2 1/2
- 卵 ――――――― 1個(50g)
- 水(40℃に温める) ――― 100ml

B
- 強力粉 ――――――― 125g
- 塩 ――――――― 小さじ1/2

C
- 合いびき肉 ――――――― 40g
- 玉ねぎ ――――――― 1/2個
- じゃがいも ――――――― 小1/2個
- にんじん ――――――― 15g
- にんにく、しょうが ――― 各少々
- ケチャップ ――――――― 大さじ2
- 牛乳、小麦粉 ――――― 各大さじ1
- ソース、しょうゆ ――― 各大さじ1弱
- カレー粉、砂糖 ――――― 各小さじ1
- 塩 ――――――― 小さじ1/2

とき卵 ――――――― 適量
パン粉 ――――――― 1/2カップ

作り方

1. パン粉は天板に広げ、180℃のオーブンでときどき混ぜながら、15分程度から焼きしてきつね色にする。

2. Cでカレーを作る。合いびき肉はゆでてあくと脂を抜く。野菜はすべてみじん切りにし、すべての材料とともに耐熱性のボウルに入れてよく混ぜる。ラップをして電子レンジで5分加熱し、全体をよく混ぜてさらに5分加熱する。完全に冷まして6等分する。

3. ロールパンのプロセスに従い、ボウルにAを混ぜ、Bを加えてよく混ぜる。ひとまとまりになったら台に出し、生地をこねる。

4. 生地を丸めてボウルに入れ、ラップをして一次発酵させ(約25分)、フィンガーチェックをする。

5. ガス抜きをして生地をボウルから出し、6個に分割して丸め、かたく絞ったぬれぶきんをかけて10分おく。

6. 一つずつめん棒で13×10cmほどの楕円にのばし、カレーをのせてとじ、さらに縁を折ってしっかりとめる。天板に並べ、かたく絞ったぬれぶきんをかけて二次発酵させる(約20分)。

7. はけでとき卵をぬり、から焼きしたパン粉をつけて180℃のオーブンで9分焼く。

1個　類似品 **397** kcal　➡　低カロリーレシピ **238** kcal

揚げないきな粉パン

学校給食で懐かしく、ファンも多いパンです。
上新粉のおかげで、油で揚げなくても
まるで揚げたようにできます。
コレステロールが気になる方、
ダイエット中の方も安心して食べられます。

材料（6個分）

A
- 強力粉 ――― 115g
- ドライイースト ――― 小さじ2
- 砂糖 ――― 大さじ3
- 卵 ――― 1個（50g）
- 水（40℃に温める） ――― 100mℓ

B
- 強力粉 ――― 115g
- きな粉 ――― 20g
- 塩 ――― 小さじ1/2

きな粉、上新粉、グラニュー糖 各大さじ1

作り方

1. ロールパンのプロセスに従い、ボウルにAを混ぜ、Bを加えてよく混ぜる。ひとまとまりになったら台に出し、生地をこねる。
2. 生地を丸めてボウルに入れ、ラップをして一次発酵させ（約25分）、フィンガーチェックをする。
3. ガス抜きをして生地をボウルから出し、6個に分割して丸め、かたく絞ったぬれぶきんをかけて10分おく。
4. 一つずつめん棒で13×10cmほどの楕円にのばし、中央に向かって両端をたたみ、さらに両端を合わせてつまみ、しっかりとめる。
5. きな粉、上新粉、グラニュー糖を合わせたものをまぶして天板に並べ、かたく絞ったぬれぶきんをかけて二次発酵させる（約20分）。180℃のオーブンで9分焼く。

卵を加えたさっくり生地

1個　類似品 **343 kcal** → 低カロリーレシピ **193 kcal**

1個 類似品 **369** kcal ➡ 低カロリーレシピ **235** kcal

揚げないピロシキ

ロシアの揚げパンです。
ひき肉を下ゆでして脂を抜き、
油を使わずに
フッ素樹脂加工のフライパンで炒め、
油脂なしのパン生地で包んで焼いたら
こんなに低カロリーになりました。

材料（6個分）

A
- 強力粉 ───── 125g
- ドライイースト ───── 小さじ2
- 砂糖 ───── 大さじ2½
- 卵 ───── 1個(50g)
- 水(40℃に温める) ───── 100mℓ

B
- 強力粉 ───── 125g
- 塩 ───── 小さじ½

C
- 豚ひき肉 ───── 100g
- ゆで卵(みじん切り) ───── 1個分
- 玉ねぎ(みじん切り) ───── ½個分
- 春雨 ───── 10g
- 強力粉 ───── 大さじ1
- 牛乳 ───── 大さじ2
- 砂糖 ───── 小さじ½
- カレー粉、ナツメッグ ───── 各少々
- 塩、こしょう ───── 各少々

とき卵 ───── 適量
パン粉 ───── 大さじ3

作り方

1. パン粉はから焼きする（p.48、作り方1参照）。Cで具を作る。ひき肉はゆでて脂を抜く。春雨はもどして2cm長さに切る。フライパンを熱してひき肉と玉ねぎを炒め、強力粉と牛乳を加えて炒める。残りの材料をすべて加えて炒め、冷まして6等分する。
2. ロールパンのプロセスに従い、ボウルにAを混ぜ、Bを加えてよく混ぜる。ひとまとまりになったら台に出し、生地をこねる。
3. 生地を丸めてボウルに入れ、ラップをして一次発酵させ(約25分)、フィンガーチェックをする。
4. ガス抜きをして生地をボウルから出し、6個に分割して丸め、かたく絞ったぬれぶきんをかけて10分おく。
5. 一つずつめん棒で13×10cmほどの楕円にのばし、具をのせてとじ、さらに縁を折ってしっかりとめる。天板に並べ、かたく絞ったぬれぶきんをかけて二次発酵させる(約20分)。
6. はけでとき卵をぬり、から焼きしたパン粉をつけて180℃のオーブンで8分焼く。

パイナップルパン

フレッシュなパイナップルと
ココナッツ入りの生地がよく合います。
夏場の食欲のない朝も、
このパンならきっと食べられます。
プレゼントにも喜ばれるかわいい形です。

材料（2個分）

A ┌ 強力粉 ─────── 125g
　├ ドライイースト ──── 小さじ2
　├ 砂糖 ──────── 大さじ2 1/2
　├ 卵 ───────── 1個（50g）
　└ 水（40℃に温める）── 100mℓ

B ┌ 強力粉 ─────── 125g
　├ ココナッツフレーク ── 10g
　└ 塩 ───────── 小さじ1/3

パイナップル ─────── 1/4個（正味200g）
はちみつ ───────── 大さじ1
とき卵 ────────── 適量

作り方

1. パイナップルは皮と芯を取り、1cm厚さの一口大に切る。耐熱容器に入れ、ラップなしで電子レンジに6分かけ、よく水気をきる。

2. ロールパンのプロセスに従い、ボウルにAを混ぜ、Bを加えてよく混ぜる。ひとまとまりになったら台に出し、生地をこねる。

3. 生地を丸めてボウルに入れ、ラップをして一次発酵させ（約25分）、フィンガーチェックをする。

4. ガス抜きをして生地をボウルから出し、2個に分割する。それぞれ20gを1個、15gを6個とって丸め、残りも大きく丸めて、かたく絞ったぬれぶきんをかけて10分おく。

5. 大きい生地を20×10cmの楕円形に広げ、はちみつをぬってパイナップルをのせる。

6. 15gのほうは転がして長さ20cmほどにのばし、斜めに3本ずつ交差させてのせる。20gのほうで葉っぱの形を作ってつける。

7. 天板にのせ、かたく絞ったぬれぶきんをかけて二次発酵させ（約20分）、はけで卵をぬって180℃のオーブンで13分焼く。

卵を加えたさっくり生地

52

1/8個　類似品 **293 kcal** ➡ 低カロリーレシピ **222 kcal**

53

卵を加えたさっくり生地

54

とろけるりんごパン

りんごを割ると、中からとろりと
とろけるりんごが出てくるかわいいパン。
りんごのおいしい季節に
紅玉やジョナゴールドなど、
酸味のあるりんごで作ってください。

材料（6個分）

A
- 強力粉 ———— 125g
- ドライイースト ———— 小さじ2
- 砂糖 ———— 大さじ2 1/2
- 卵 ———— 1個(50g)
- 水(40℃に温める) ———— 100mℓ

B
- 強力粉 ———— 125g
- 塩 ———— 小さじ1/3

C
- りんご ———— 大1個
- 砂糖 ———— 大さじ2
- レモン汁 ———— 大さじ1
- 薄力粉 ———— 大さじ1/2
- シナモン ———— 適量

とき卵 ———— 適量

作り方

1. Cで中身を作る。りんごは皮をむいていちょう切りにし、その他の材料とともに耐熱容器に入れてよく混ぜ、ラップをして電子レンジで6分加熱する。完全に冷まして6等分する。

2. ロールパンのプロセスに従い、ボウルにAを混ぜ、Bを加えてよく混ぜる。ひとまとまりになったら台に出し、生地をこねる。

3. 生地を丸めてボウルに入れ、ラップをして一次発酵させ(約25分)、フィンガーチェックをする。

4. ガス抜きをして生地をボウルから出し、6個に分割して丸め、かたく絞ったぬれぶきんをかけて10分おく。

5. それぞれ軸と葉の分を少々とりおき、めん棒で直径12cmの円形にのばして1のりんごを包み、丸く形を整える。とりおいた分で軸と葉を形作り、葉はカードで模様を入れ、りんごにつける。

6. 天板に並べ、かたく絞ったぬれぶきんをかけて二次発酵させ(約20分)、とき卵をぬって180℃のオーブンで9分焼く。

1個　類似品 **286 kcal** → 低カロリーレシピ **207 kcal**

さくさくマカロンパン

さくさくのマカロンでおおった
甘い菓子パンです。
菓子パンにはふつう、たくさんのバターや
生クリームが使われますが、
いっさい使わなくても大丈夫。
上にかかったマカロンで
パン生地がかたくなりにくい、
うれしいパンです。

材料（8個分）

A
- 強力粉 ——————— 125g
- ドライイースト ——— 小さじ2
- 砂糖 ——————— 大さじ3
- 水（40℃に温める）——— 145ml

B
- 強力粉 ——————— 125g
- 卵黄 ——————— 1個分(20g)
- 塩 ——————— 小さじ1/2
- バニラオイル ——————— 少々

C
- 卵白 ——————— 1個分(30g)
- 粉糖 ——————— 30g
- 薄力粉 ——————— 20g

粉糖 ——————— 大さじ1

作り方

1. Cをすべて混ぜ、マカロン生地を作る。
2. ロールパンのプロセスに従い、ボウルにAを混ぜ、Bを加えてよく混ぜる。ひとまとまりになったら台に出し、生地をこねる。
3. 生地を丸めてボウルに入れ、ラップをして一次発酵させ(約25分)、フィンガーチェックをする。
4. ガス抜きをして生地をボウルから出し、8個に分割して丸め、かたく絞ったぬれぶきんをかけて5分おく。
5. 生地を丸め直して天板に並べ、かたく絞ったぬれぶきんをかけて二次発酵させる（約20分）。
6. 表面にマカロン生地をスプーンでぬって茶こしで粉糖をかけ、180℃のオーブンで9分焼く。

1個　類似品 **233 kcal** → 低カロリーレシピ **167 kcal**

non butter | non oil

Type 4
卵と牛乳を使ったリッチな生地

三つ編みパン

卵は控えめ、バターなしで低カロリーに。
でも風味豊かな味わいです。のびのいい生地ですから
長くのばしてたくさん編んでください。
リースのように輪にすれば、華やかな雰囲気に。
クリスマスやパーティにもぴったりです。

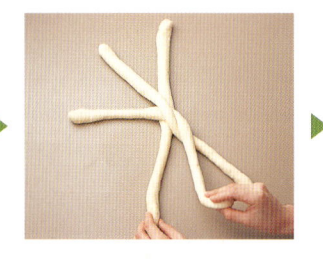

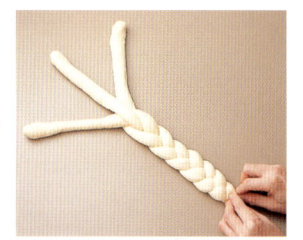

材料（1個分）

A
- 強力粉 ―― 125g
- ドライイースト ―― 小さじ2
- 砂糖 ―― 大さじ2 1/2
- 卵 ―― 1個(50g)
- 牛乳(40℃に温める) ―― 125ml

B
- 強力粉 ―― 125g
- 塩 ―― 小さじ1/2

とき卵 ―― 適量

作り方

1 ボウルにAの強力粉を入れ、ドライイーストと砂糖を隣合せに入れる。卵はときほぐしてイーストから離して入れ、牛乳をイースト目がけて注ぎ、よく混ぜる。

2 Bを加え、粉気がなくなるまで混ぜ、ひとまとまりになったら台に出し、なめらかになるまでよくこねる。

3 生地を丸めてボウルに入れ、ラップをしてオーブンの発酵機能で一次発酵させ（約25分）、フィンガーチェックをする。

4 こぶしでやさしく押すようにしてガス抜きをし、生地をボウルから出して3個に分割して一つずつ丸める。かたく絞ったぬれぶきんをかけて10分おく。

5 それぞれ転がして長さ40cmにのばし、中央から手前に三つ編みにして、最後は合わせてとめる。裏に返して反対側も編み、輪にして両端をしっかりとめる。

6 オーブンペーパーを敷いた天板にのせ、かたく絞ったぬれぶきんをかけてオーブンの発酵機能で二次発酵させる（約20分）。

7 とき卵をはけでぬり、180℃のオーブンで約20分焼く。

1/6個　類似品 **252 kcal** → 低カロリーレシピ **194 kcal**

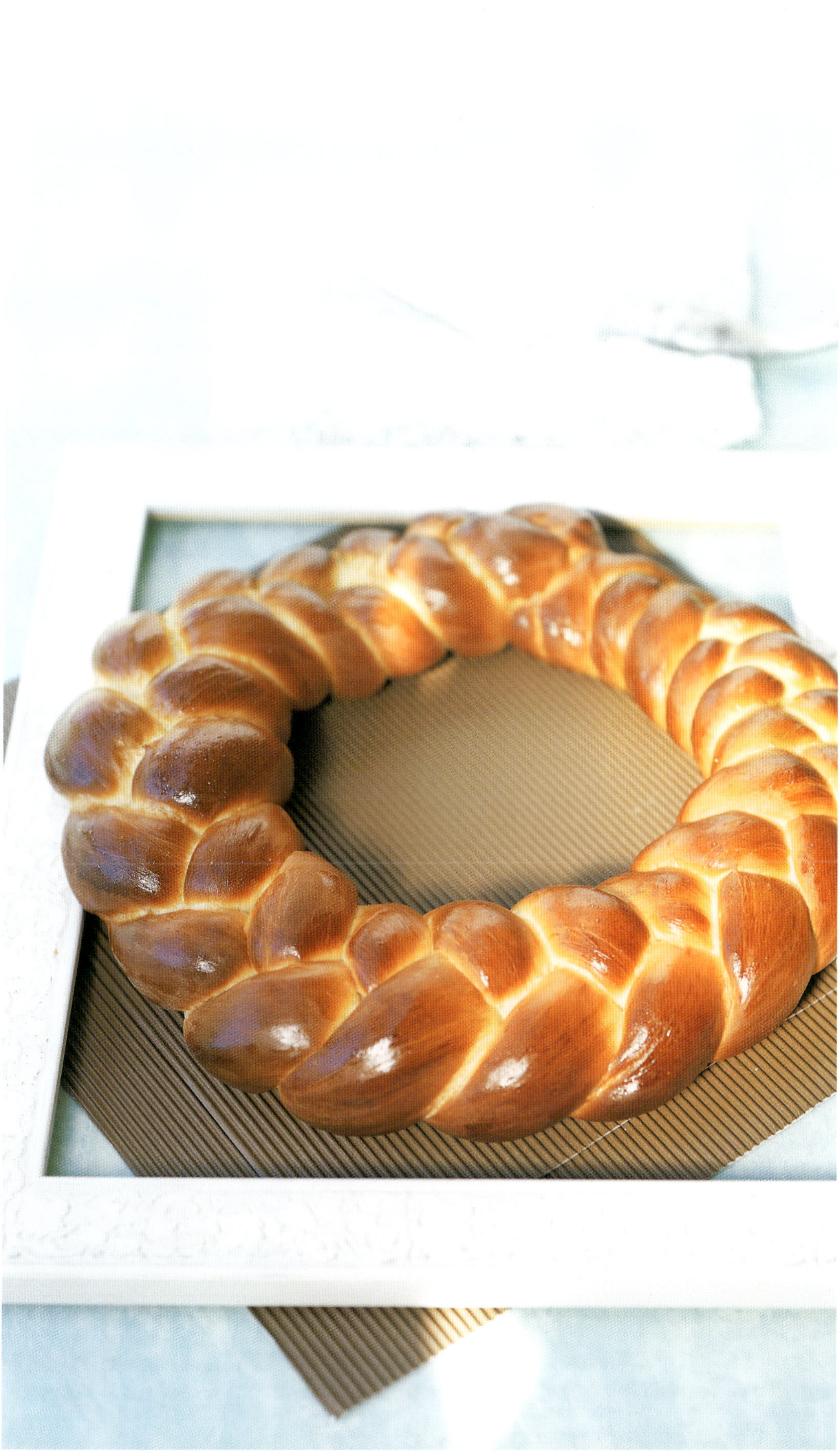

卵と牛乳を使ったリッチな生地

メイプルブレッド

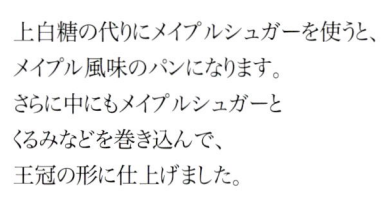

上白糖の代りにメイプルシュガーを使うと、メイプル風味のパンになります。さらに中にもメイプルシュガーとくるみなどを巻き込んで、王冠の形に仕上げました。

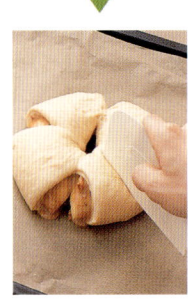

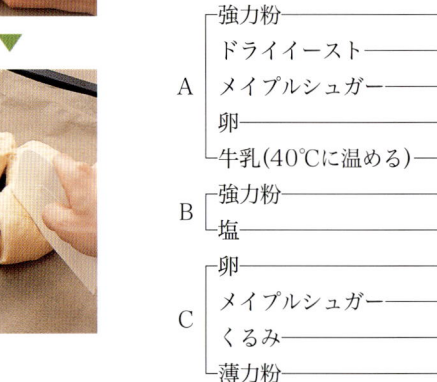

材料（1個分）

A
- 強力粉 ── 125g
- ドライイースト ── 小さじ2
- メイプルシュガー ── 大さじ3
- 卵 ── 1個(50g)
- 牛乳(40℃に温める) ── 125㎖

B
- 強力粉 ── 125g
- 塩 ── 小さじ1/2

C
- 卵 ── 25g
- メイプルシュガー ── 大さじ3
- くるみ ── 大さじ1
- 薄力粉 ── 大さじ2

作り方

1. くるみは予熱をしないで170℃のオーブンで10分焼き、細かく刻む。Cの材料をすべて混ぜる。
2. 三つ編みパンのプロセスに従い、ボウルにAを混ぜ、Bを加えてよく混ぜる。ひとまとまりになったら台に出し、生地をこねる。
3. 生地を丸めてボウルに入れ、ラップをして一次発酵させ(約25分)、フィンガーチェックをする。
4. ガス抜きをして生地をボウルから出し、大きく丸めてかたく絞ったぬれぶきんをかけ、10分おく。
5. めん棒で18×35cmほどにのばし、端を1cmほど残して1をぬる。手前から巻いて最後をしっかりとじる。両端を合わせてしっかりとめて輪にし、形を整える。
6. 天板にのせてカードで8か所切込みを入れ、かたく絞ったぬれぶきんをかけて二次発酵させる(約20分)。180℃のオーブンで20分焼く。

1/6個　類似品 **313 kcal** ➡ 低カロリーレシピ **234 kcal**

オレンジのパネトーネ

オレンジやレーズンをたっぷり練り込んだ
クリスマス用のパンです。
ふつうはバター、生クリームなどの油脂を
たくさん使うので、かたくなりにくいのですが、
私は油脂を使いませんので、
すぐに食べない分は冷凍してください。

材料(直径6、高さ5.5cmの型6個分)

A
- 強力粉 ──── 125g
- ドライイースト ──── 小さじ2 1/2
- 砂糖 ──── 大さじ2 1/2
- 卵 ──── 1個(50g)
- 牛乳(40℃に温める) ──── 65ml
- ラム酒 ──── 大さじ1

B
- 強力粉 ──── 125g
- マーマレード ──── 50g
- 塩 ──── 小さじ1/3

- レーズン ──── 25g
- くるみ ──── 大さじ1
- オレンジピール(刻む) ──── 小さじ2
- ラム酒 ──── 大さじ3
- とき卵 ──── 適量
- アイシング(粉糖大さじ3と卵白小さじ1を混ぜる)

作り方

1. くるみは予熱をしないで170℃のオーブンで10分から焼きし、細かく刻む。レーズンとオレンジピールはラム酒につけてもどし、キッチンペーパーに包んで水気を取る。
2. 三つ編みパンのプロセスに従い、ボウルにAを混ぜ、Bを加えてよく混ぜる。ひとまとまりになったら台に出し、生地をこねる。8割こね上がったら1を加えてこねる。
3. 生地を丸めてボウルに入れ、ラップをして一次発酵させ(約25分)、フィンガーチェックをする。
4. ガス抜きをして生地をボウルから出し、6個に分割して丸め、かたく絞ったぬれぶきんをかけて5分おく。
5. 一つずつ丸め直して型に入れ、天板に並べて、かたく絞ったぬれぶきんをかけて二次発酵させる(約20分)。
6. とき卵をぬって180℃のオーブンで8分焼き、オーブンから出してアイシングをかける。

1個 類似品 **373 kcal** ➡ 低カロリーレシピ **241 kcal**

きのことえびのコキールパン

パン生地で貝の形を作り、
上に魚介のホワイトシチューをのせます。
ホワイトシチューはもちろんバター、生クリームは使いません。
余ったシチューやグラタンをのせてもいいですね。

材料（6個分）

A
- 強力粉 —— 125g
- ドライイースト —— 小さじ2
- 砂糖 —— 大さじ2 1/2
- 卵 —— 1個(50g)
- 牛乳(40℃に温める) —— 125mℓ

B
- 強力粉 —— 125g
- 塩 —— 小さじ1/2

C
- えび(背わたを取る) —— 小6尾
- マッシュルーム(薄切り) —— 3個
- ミックスベジタブル —— 大さじ2
- 牛乳 —— 200ml
- 薄力粉 —— 25g
- 塩 —— 小さじ1/2
- ガーリックパウダー —— 少々

パルメザンチーズ —— 大さじ1/2
パセリ —— 少々

作り方

1. Cでホワイトシチューを作る。厚手の鍋に薄力粉、塩、ガーリックパウダーを入れ、牛乳を少しずつ加えてのばす。中火にかけ、とろみがついてきたらその他の材料を加えてよく火を通す。バットに移し、表面にラップをはって冷ます。

2. 三つ編みパンのプロセスに従い、ボウルにAを混ぜ、Bを加えてよく混ぜる。ひとまとまりになったら台に出し、生地をこねる。

3. 生地を丸めてボウルに入れ、ラップをして一次発酵させ(約25分)、フィンガーチェックをする。

4. ガス抜きをして生地をボウルから出し、60gを6個とり、残りを6個に分割してそれぞれ丸め、かたく絞ったぬれぶきんをかけて10分おく。

5. 60gのほうは直径10cmほどの円形にのばし、一部をつまんで貝の形にする。小さいほうは長さ30cmほどに細長くのばし、貝の周囲につける。天板に並べ、かたく絞ったぬれぶきんをかけて二次発酵させる(約20分)。

6. 1のホワイトシチューを上にのせ、パルメザンチーズと刻んだパセリをのせて180℃のオーブンで9分焼く。

卵と牛乳を使ったリッチな生地

1個　類似品 **359 kcal** → 低カロリーレシピ **253 kcal**

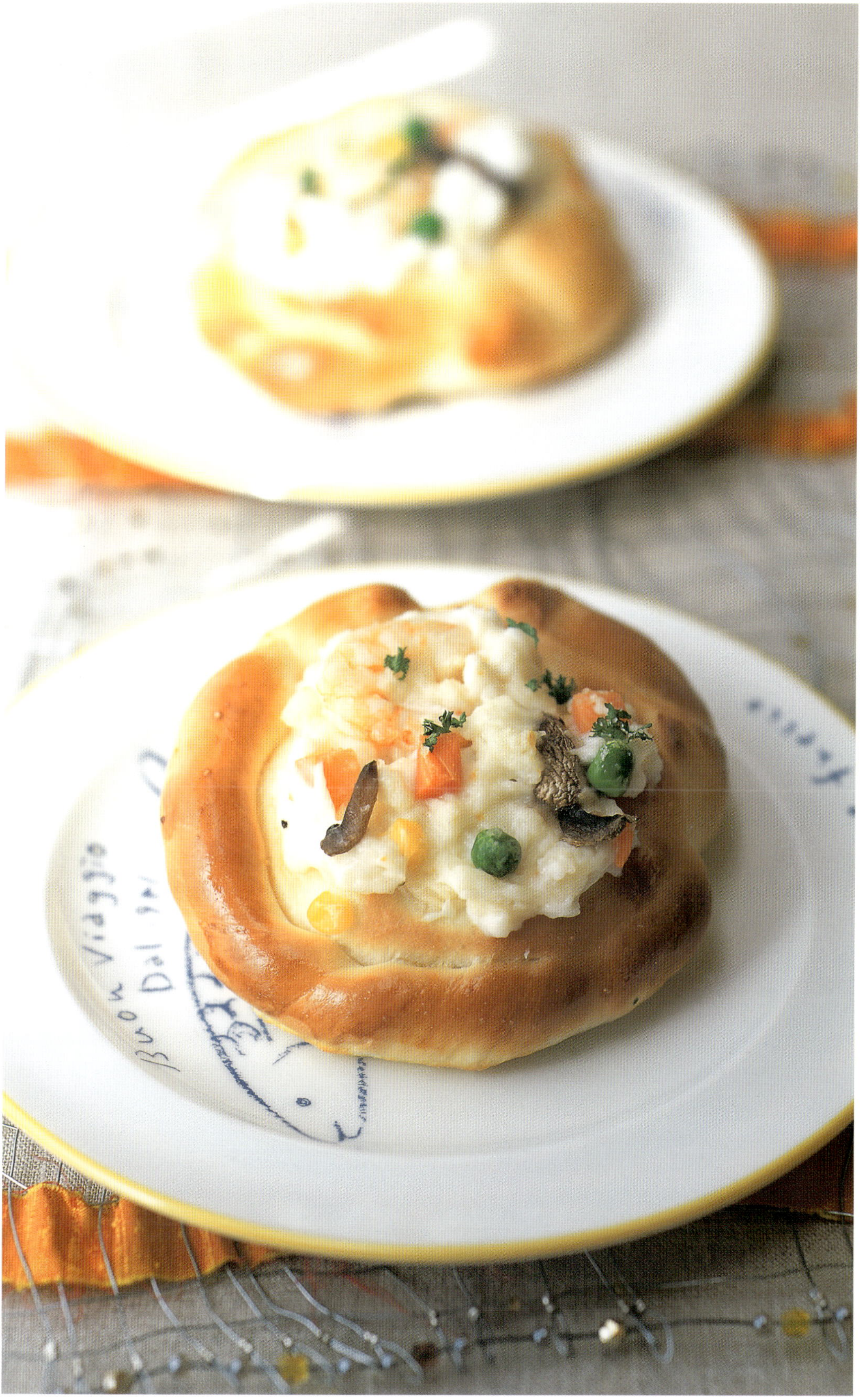
Buon Viaggio

本物メロンのメロンパン

メロンの果肉をパン生地とクッキー生地に入れた
メロンの香りいっぱいのパン。
メロン果肉はよく加熱して酵素を壊し、
完全に冷まして使ってください。
ふつうはクッキー生地にたくさんのバターを使うため、
メロンパンは高カロリー。
本物のメロンを使って油脂なしで作ると、こんなにヘルシーに。

材料（6個分）

メロン		100g（正味）
A	強力粉	125g
	ドライイースト	小さじ2
	砂糖	大さじ2
	卵	1個（50g）
	牛乳（40℃に温める）	75mℓ
B	強力粉	125g
	塩	小さじ1/2
C	砂糖	50g
	卵	40g
	薄力粉	150g
	ベーキングパウダー	小さじ1/2
	抹茶	小さじ1/4
グラニュー糖		大さじ1

作り方

1. メロンはフードプロセッサーにかけてピュレ状にし、鍋に入れてボコボコいうまで加熱してから冷ます。
2. Cでクッキー生地を作る。ボウルに卵と砂糖を入れてよく混ぜ、1の半量、薄力粉、ベーキングパウダー、抹茶を合わせたものを加え、粉気がなくなる程度にさっくりと混ぜ、6等分して丸める。
3. 三つ編みパンのプロセスに従い、ボウルにAと1の半量を混ぜ、Bを加えてよく混ぜる。ひとまとまりになったら台に出し、生地をこねる。
4. 生地を丸めてボウルに入れ、ラップをして一次発酵させ（約25分）、フィンガーチェックをする。
5. ガス抜きをして生地をボウルから出し、6個に分割してそれぞれ丸め、かたく絞ったぬれぶきんをかけて5分おく。
6. 一つずつ丸め直す。クッキー生地の一部を軸用にとり、残りを広げてパン生地にかぶせる。グラニュー糖をふり、カードで格子模様をつけ、軸を作ってつける。
7. 天板に並べ、かたく絞ったぬれぶきんをかけて二次発酵させ（約20分）、180℃のオーブンで9分焼く。

卵と牛乳を使ったリッチな生地

1個　類似品　**552 kcal** → 低カロリーレシピ **327 kcal**

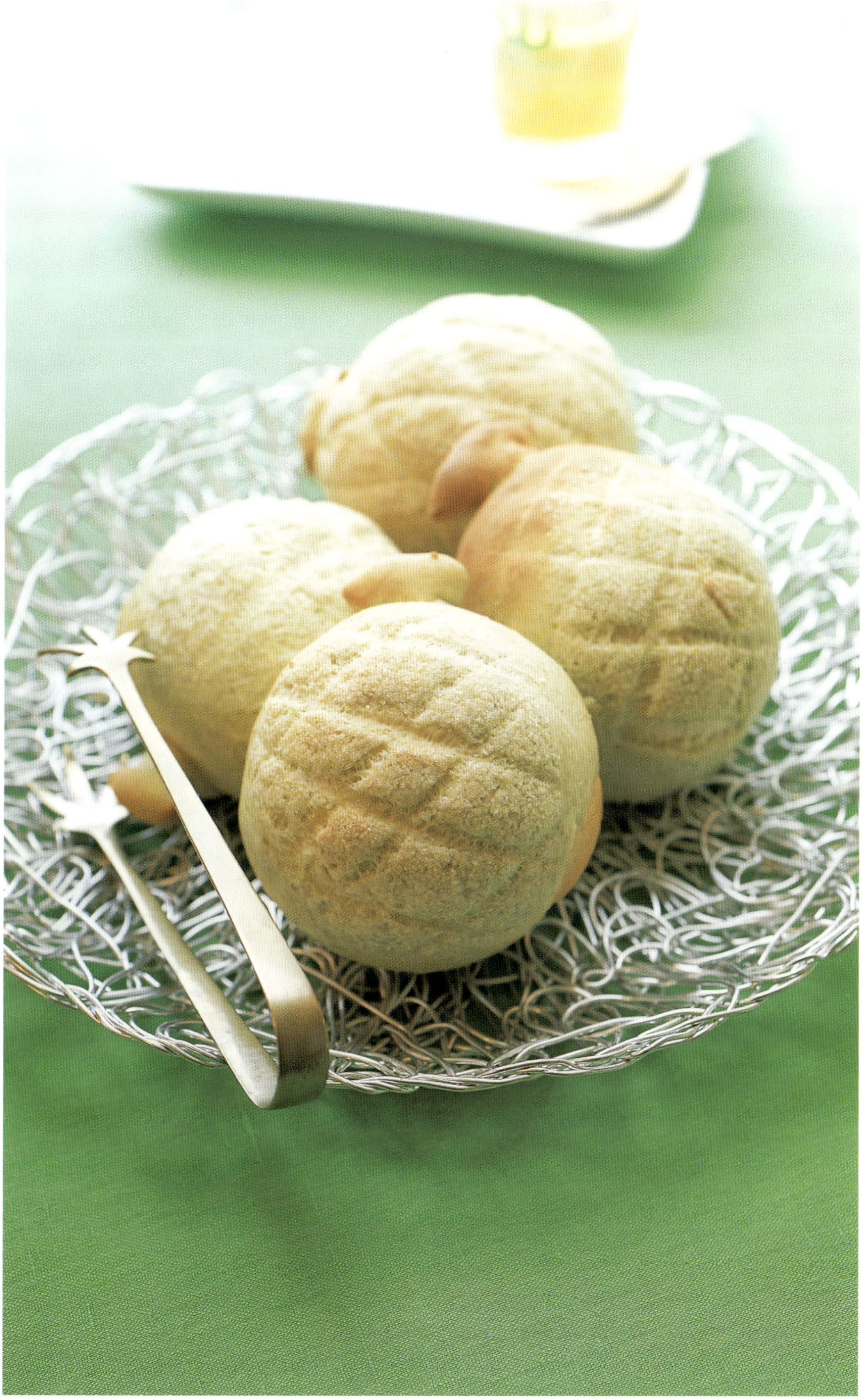

ブリオッシュ

ブリオッシュはバターや生クリームをたっぷり使う
とてもリッチな高カロリーパンの代表ですが、
バターを全く使わず、
控えめの卵黄と牛乳だけでもふんわりとふくらみ、
卵の香り豊かなパンが楽しめます。

材料(ブリオッシュ型10個分)

A
- 強力粉 ───── 50g
- ドライイースト ───── 小さじ1 1/2
- 砂糖 ───── 大さじ1 1/2
- 牛乳(40℃に温める) ───── 90mℓ

B
- 強力粉 ───── 150g
- 卵黄 ───── 2個分(40g)
- 塩 ───── 小さじ1/2弱

とき卵 ───── 適量

作り方

1. ボウルにAの強力粉を入れ、ドライイーストと砂糖を隣合せに入れて、牛乳をイースト目がけて注ぎ、よく混ぜる。Bを加えてよく混ぜ、ひとまとまりになったら台に出し、生地をこねる。
2. 生地を丸めてボウルに入れ、ラップをして一次発酵させ(約25分)、フィンガーチェックをする。
3. ガス抜きをして生地をボウルから出し、10個に分割してそれぞれ丸め、かたく絞ったぬれぶきんをかけて5分おく。
4. 一つずつ丸め直して型に入れ、天板に並べてかたく絞ったぬれぶきんをかけ、二次発酵させる(約20分)。
5. とき卵をはけでぬり、180℃のオーブンで8分焼く。

卵と牛乳を使ったリッチな生地

1個　類似品 **187 kcal** → 低カロリーレシピ **99 kcal**

65

レモンのブリオッシュ

レモン汁とレモンの皮のすりおろしを
生地に練り込んだ、
すっきり味のブリオッシュです。
レモンは皮まで使うので、
国産の安心できるものを使ってください。

材料(ブリオッシュ型10個分)

A
- 強力粉 — 50g
- ドライイースト — 小さじ2
- 砂糖 — 大さじ2
- 牛乳(40℃に温める) — 70ml
- コンデンスミルク — 大さじ2

B
- 強力粉 — 150g
- 卵黄 — 2個分(40g)
- レモン汁 — 大さじ1
- レモンの皮(すりおろす) — 1/3個分
- 塩 — 小さじ1/2弱

- とき卵 — 適量
- レモン(薄切り) — 10枚
- グラニュー糖 — 小さじ2

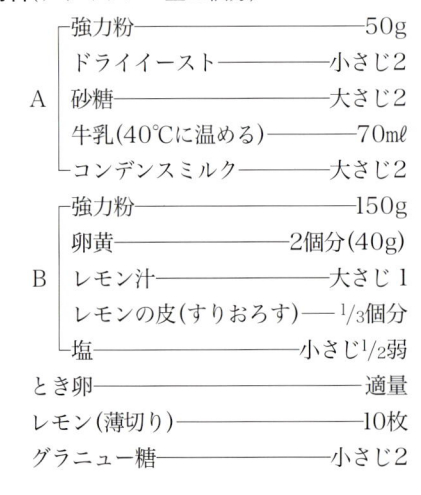

作り方

1. ボウルにAの強力粉を入れ、ドライイーストと砂糖を隣合せに入れて、牛乳をイースト目がけて注ぎ、コンデンスミルクを加えてよく混ぜる。Bを加えてよく混ぜ、ひとまとまりになったら台に出し、生地をこねる。
2. 生地を丸めてボウルに入れ、ラップをして一次発酵させ(約25分)、フィンガーチェックをする。
3. ガス抜きをして生地をボウルから出し、10個に分割してそれぞれ丸め、かたく絞ったぬれぶきんをかけて5分おく。
4. 一つずつ丸め直して型に入れ、天板に並べてかたく絞ったぬれぶきんをかけ、二次発酵させる(約20分)。
5. とき卵をぬってレモンの薄切りをのせ、グラニュー糖をふって、180℃のオーブンで8分焼く。

卵と牛乳を使ったリッチな生地

1個　類似品 **198 kcal** → 低カロリーレシピ **115 kcal**

チョコブリオッシュ

バターなしの低カロリーのブリオッシュ生地に、
チョコの代りにココアを練り込んで
さらにカロリーダウンさせました。
ふつうの丸い形にしてもいいですが、
このように丸を二つつけても
また違った雰囲気に。

材料(ブリオッシュ型10個分)

A
- 強力粉 ─────── 50g
- ドライイースト ─── 小さじ1½
- 砂糖 ─────── 大さじ2
- 牛乳(40℃に温める) ─ 90ml

B
- 強力粉 ─────── 120g
- ココア ─────── 30g
- 卵黄 ─────── 2個分(40g)
- 塩 ─────── 小さじ½弱

とき卵 ─────── 適量

作り方

1. ボウルにAの強力粉を入れ、ドライイーストと砂糖を隣合せに入れて、牛乳をイースト目がけて注ぎ、よく混ぜる。Bを加えてよく混ぜ、ひとまとまりになったら台に出し、生地をこねる。
2. 生地を丸めてボウルに入れ、ラップをして一次発酵させ(約25分)、フィンガーチェックをする。
3. ガス抜きをして生地をボウルから出し、10個に分割してそれぞれ丸め、かたく絞ったぬれぶきんをかけて5分おく。
4. それぞれ2個に分割して丸め、型に入れて天板に並べ、かたく絞ったぬれぶきんをかけて二次発酵させる(約20分)。
5. とき卵をはけでぬり、180℃のオーブンで8分焼く。

1個　類似品 **187** kcal　➡　低カロリーレシピ **96** kcal

クロワッサン

本来はバターを生地に折り込んで層を作っていきますが、
バターの代わりに脱水したヨーグルトを使っても層ができました。
これで、ぐっと低カロリーに。
生地を傷めないように
やさしく扱いながら丁寧に折り込んでいきましょう。

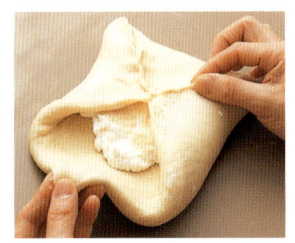

材料(8個分)

- A
  - 薄力粉 ——————— 60g
  - ドライイースト ———— 小さじ1 1/2
  - 砂糖 ——————— 大さじ1
  - 牛乳(40℃に温める) ——— 125mℓ
- B
  - 強力粉 ——————— 140g
  - 卵黄 ——————— 1個分(20g)
  - 塩 ——————— 小さじ1/3
- プレーンヨーグルト ——————— 240g
- パルメザンチーズ ——————— 大さじ1
- とき卵 ——————— 適量

作り方

1. キッチンペーパーを敷いたざるにヨーグルトを入れ、ボウルをあてて冷蔵庫で一晩水気をきる。さらにキッチンペーパーに包んで約80gにする。
2. ボウルにAの薄力粉を入れ、ドライイーストと砂糖を隣合せに入れて、牛乳をイースト目がけて注ぎ、よく混ぜる。Bを加えてよく混ぜ、ひとまとまりになったら台に出し、生地を軽くこねる(約3分)。
3. 生地を丸めてボウルに入れ、ラップをして一次発酵させ(約25分)、フィンガーチェックをする。
4. ガス抜きをして生地をボウルから出し、分割せずに一つに丸め、かたく絞ったぬれぶきんをかけて10分おく。
5. 生地を20cm角の正方形に広げ、ヨーグルトを脱水したものとパルメザンチーズをのせ、四隅を中央で合わせて包み、めん棒で25×15cmほどの長方形にのばす。三つ折りにして再び25×15cmにのばし、長辺を三つ折りにして、ぬれぶきんをかけて10分おく。再度これを繰り返し、20×30cmにのばす。
6. 両端は合わせて1枚にし、全部で8枚の二等辺三角形をとる。短辺の中央を2cmほど切って広げ、くるくる巻いてクロワッサンの形にする。
7. 天板に並べ、かたく絞ったぬれぶきんをかけて二次発酵させ(約20分)、とき卵をぬって180℃のオーブンで8分焼く。

卵と牛乳を使ったリッチな生地

1個　類似品 **295 kcal** → 低カロリーレシピ **137 kcal**

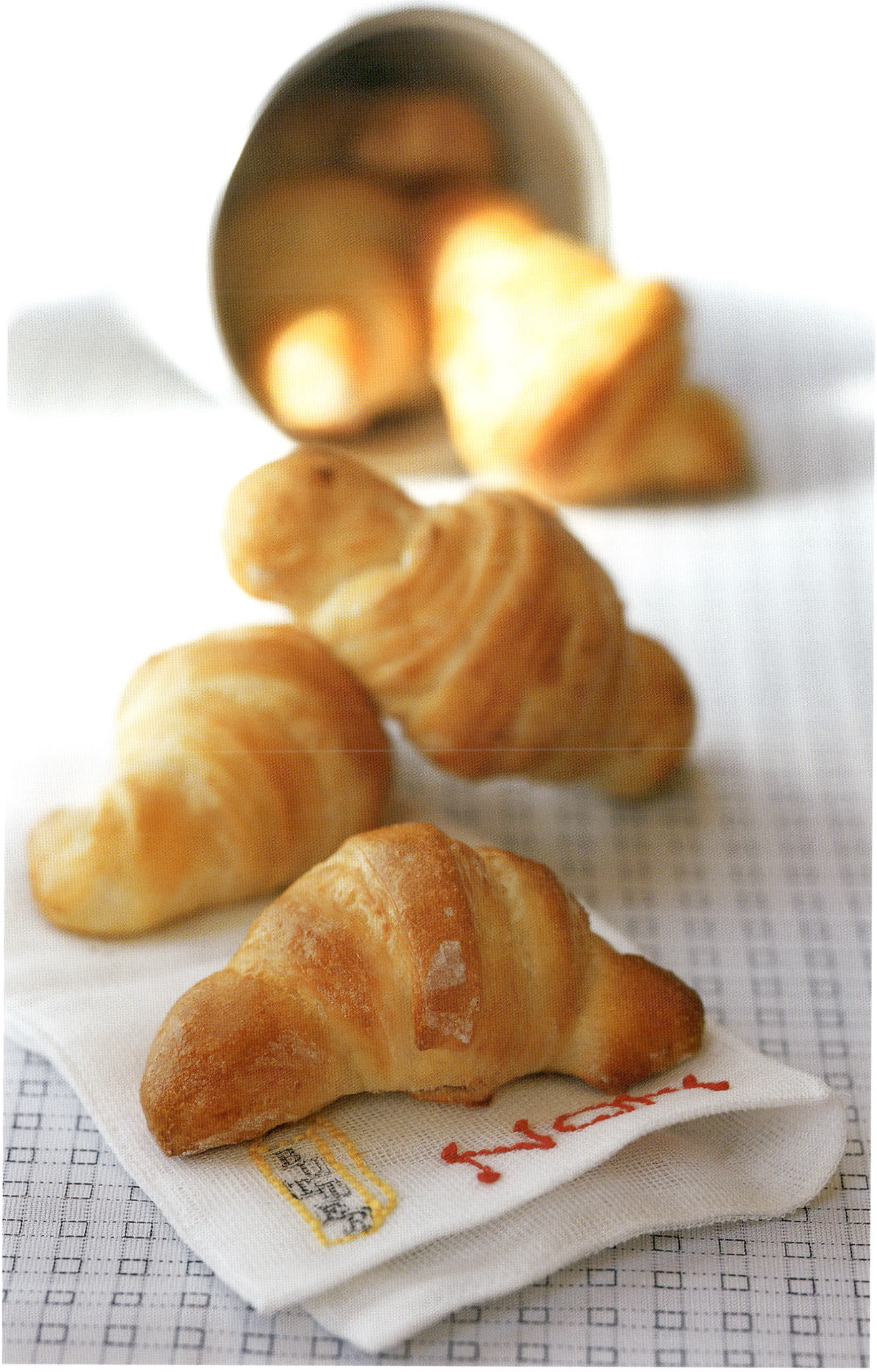

ツナデニッシュ

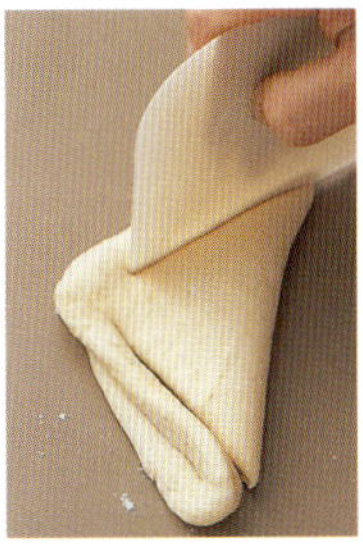

ノンバターのクロワッサン生地で作るので
通常の約半分と、
とても低カロリーのデニッシュになりました。
ツナのほか、ジャムやフルーツなど
お好みのものをのせてください。

材料（6個分）

A	薄力粉	60g
	ドライイースト	小さじ1 1/2
	砂糖	大さじ1
	牛乳（40℃に温める）	125㎖
B	強力粉	140g
	卵黄	1個分（20g）
	塩	小さじ1/3
プレーンヨーグルト		240g
パルメザンチーズ		大さじ1
ツナ（ノンオイルタイプ缶詰）		80g
玉ねぎ（みじん切り）		1/4個分
ケチャップ		大さじ2
塩、こしょう		各少々
とき卵		適量

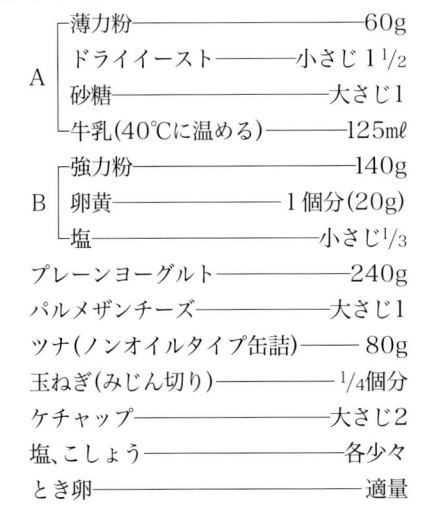

作り方

1. クロワッサン（p.68）のプロセス1～5の要領で生地を作る。
2. 20×30cmに広げた生地を、短辺を2等分、長辺を3等分して10cm角を6枚とる。
3. 一つずつ三角にたたみ、てっぺんを少し残し、縁から1cm内側をカードで切る。三角形を開き、切った部分を交差させて縁を作り、天板に並べてかたく絞ったぬれぶきんをかけ、二次発酵させる（約20分）。
4. 水気をきったツナと玉ねぎを合わせて塩、こしょうで味を調え、パンにのせてケチャップをかける。
5. とき卵をぬり、180℃のオーブンで8分焼く。

卵と牛乳を使ったリッチな生地

1個　類似品 **423 kcal** ➡ 低カロリーレシピ **207 kcal**

レーズンシナモンデニッシュ

同じく低カロリーのデニッシュ生地に
レーズンとシナモンをくるくる巻き込みました。
デニッシュの食感と
シナモンの甘い香りが楽しめます。

材料（8個分）

- A
  - 薄力粉 ———————— 60g
  - ドライイースト ———— 小さじ1 1/2
  - 砂糖 ———————— 大さじ1
  - 牛乳（40℃に温める）—— 125mℓ
- B
  - 強力粉 ———————— 140g
  - 卵黄 ———————— 1個分（20g）
  - 塩 ———————— 小さじ1/3
- プレーンヨーグルト ———— 240g
- パルメザンチーズ ———— 大さじ1/2
- レーズン ———————— 30g
- シナモン ———————— 小さじ1/3
- グラニュー糖 ———————— 大さじ1
- とき卵 ———————— 適量

作り方

1. レーズンは水でもどし、キッチンペーパーに包んで水気を取る。
2. クロワッサン（p.68）のプロセス1～5の要領で生地を作る。
3. 20×30cmにのばした生地に、巻終りを1cmほど残して1のレーズン、シナモン、グラニュー糖を広げる。手前からくるくる巻いて8等分に切る。
4. 天板に並べ、かたく絞ったぬれぶきんをかけて二次発酵させ、とき卵をぬって180℃のオーブンで8分焼く。

1個　類似品 **283 kcal** → 低カロリーレシピ **158 kcal**

低カロリーのジャムとスプレッド

パンを低カロリーにしたら、
パンにぬるジャムやスプレッドも低カロリーにしたいですね。
どれもすぐできる簡単なものばかりです。

ミルクジャム

材料(でき上り約150g)

牛乳	500㎖
砂糖	30g
水あめ	大さじ1/2
バニラオイル	少々

作り方

1. 鍋に牛乳と砂糖を入れて火にかけ、沸騰したら吹きこぼれないように弱火で煮る。
2. ときどき混ぜながら、とろみがつき、初めの量の1/4程度まで煮つめる。水あめを混ぜ、バニラオイルで香りをつける。

保存期間　冷蔵庫で約3週間

100gあたり

類似品 **430** kcal
↓
低カロリーレシピ **292** kcal

マーマレード

材料(でき上り約400g)

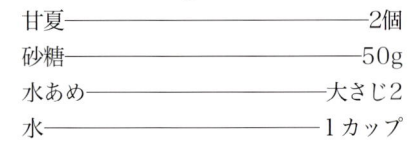

甘夏	2個
砂糖	50g
水あめ	大さじ2
水	1カップ

作り方

1. 甘夏の皮をむき、皮はよくよく洗ってフードプロセッサーで細かくし、たっぷりの水に30分ほど浸して水気をきる。実は袋から出して細かく切る。
2. 鍋に1の皮を入れてたっぷりの水を注ぎ、火にかける。沸騰したらあくを取りながら弱火で5分ゆで、ざるにあけて手でもみながら流水で洗う。これをもう一度繰り返す。
3. ほうろうか厚手のステンレスの鍋に水気をきった皮、実、砂糖、分量の水を入れて火にかけ、半量になるまで煮つめ、水あめを加えて軽く沸騰させる。

保存期間　冷蔵庫で約3週間

100gあたり　　類似品 **255** kcal
↓
低カロリーレシピ **142** kcal

バター風スプレッド

材料(でき上り約130g)
- 卵黄 ———————— 1個分
- 薄力粉 ——————— 小さじ1弱
- 牛乳 ———————— 90mℓ
- 塩 ————————— ひとつまみ
- 粉ゼラチン ————— 1g
- 水 ————————— 小さじ1
- プレーンヨーグルト — 大さじ1

作り方
1. 粉ゼラチンは、分量の水にふり入れてふやかす。
2. ボウルに卵黄と薄力粉を入れ、牛乳を少しずつ加えながら混ぜ、こしながら鍋に入れる。
3. 塩を加えて中火にかけ、沸騰したら火を止めてゼラチンを入れて溶かし、ヨーグルトを混ぜる。容器に移し、ラップをはりつけて冷ます。

保存期間　冷蔵庫で約4日

100gあたり

類似品(バター) **745** kcal
↓
低カロリーレシピ **105** kcal

ピーナッツクリーム

材料(でき上り約130g)
- ピーナッツ ————————— 50g
- 砂糖 ——————————— 大さじ4
- 牛乳 ——————————— 大さじ2
- 水あめ、コンデンスミルク — 各大さじ1
- バニラオイル ——————— 少々

作り方
1. 耐熱性のボウルに牛乳、水あめ、コンデンスミルクを入れ、電子レンジに10～15秒かけて溶かし混ぜる。
2. ピーナッツは薄皮をむいてフードプロセッサーにかける。多少粒が残るくらいがおいしい。さらに1と砂糖、バニラオイルを加えて軽くかける。

保存期間　冷蔵庫で約3週間

100gあたり

類似品 **758** kcal
↓
低カロリーレシピ **443** kcal

休日の晴れた日は
テラスのテーブルでブランチ。
今日は焼きたての白パンにいろいろはさんで。

自家製のチャーシュー、
せん切りのきゅうりと長ねぎをはさんで。

パンを焼き続けて

ご飯を炊くようにパンを焼いて

　私にとってパンを焼くことは、特別なことではありません。生活の中に溶け込んだ日課のようなもので、今では暮らしの一部になっています。ご飯を炊くのもパンを焼くのもほとんど同じ感覚。ただ、パンはご飯よりちょっと時間がかかるだけ。お米を量るように粉を計量し、お米をとぐようにパンをこねます。ご飯にないのは発酵と成形。でも一次発酵は部屋に置くだけで、ときどきちょっと見るくらい。成形はどんな形にしようかと家族や生徒さんの顔を思い浮かべながらの楽しい時間。二次発酵もときどきチェックして、傍らに置くだけです。焼上げは、ご飯でいう炊飯です。スイッチポンの炊飯器がオーブンに替わっただけのことです。

朝一番の楽しい日課

　私が家族のためにパンを焼くのは朝。目を覚ますとふとんの中で、どんなパンを焼こうか考えます。そしてキッチンに入り一番にすることが、イーストと砂糖と塩と粉の計量。そして窓を開けて外の気温をチェックします。パンこね機でこねるので、仕込み水の温度を気温によって変える必要があるからです。でも毎日焼くので、外気に触れれば感覚的につかめます。夏は冷水、冬はお湯に近くなります。パン作りを通して、四季の移り変りを体で感じることができます。

　機械がこねている間は、朝食の支度と主人のお弁当作りです。こねが終わったら分割、成形。そして二次発酵のときが娘と家族3人そろっての朝食時間です。昨日焼いたパンを軽くレンジで温めるかトーストして、コーヒーと一緒に季節の手作りジャムとバター風スプレッドでいただきます。二次発酵が終わりパンをオーブンに入れると、娘を学校に出す時間。支度を手伝い、送り出します。娘にちょっと遅れて出勤する主人のお弁当には、焼きたてパンを持たせることもよくあります。

キッチンはいつでもパンの香り

　その後は焼きたてパンの香りが充満するキッチンで、お教室の準備。パンが冷めるころには私はもうおなかがすいて、いちばんおいしい状態を間食にいただいて、一息入れて午前中の教室は始まります。生徒さんのパンが焼き上がるころ、お昼になります。前日の夕食の残りがあればおかずつきですが、なければ教室の焼きたてパンと生徒さんのためにいれる紅茶でランチ。不思議と和風の

ひき肉卵とレタスをはさんで。
ひき肉卵は、ゆでこぼしたひき肉を
しょうゆと砂糖で調味して
卵でとじたもの。

おかずパンのほかに、
必ず作るのが甘い具をはさんだパン。
ノンバターのカスタード＆バナナと
あんこ＆いちご。

おかずでもよく合うのが私のパン。きんぴらや肉じゃがなどが残っているときは、パンにはさんでいただきます。そして午後の教室が始まります。教室では生徒さんがパンを焼くのを見守り、あっという間に夕方になっています。

平日の夕飯はご飯を炊くことが多いのですが、週末はよく焼きたてのパンを楽しみます。夕方キッチンに立ち、まず生地を作りはじめます。一次発酵中におかずを作り、成形は今ではすべて小学2年の娘に任せ、私は休憩。二次発酵中にお料理の仕上げとテーブルセッティング。パンが焼き上がるころに主人がワインの栓を開け、夕食になります。

作り続けてこそわかる魅力

パン作りが炊飯と違うところは、パンはオーブンに入れるまで生きていること。ですからパン作りは相手のペースに合わせることが大切です。パンの状態によって臨機応変に待ったり急いだりすることが、やわらかくておいしいパン作りにつながります。

焼きたてパンがおいしいのはあたりまえですが、冷凍したものを解凍しても充分おいしいので、それほど私は焼きたてにはこだわりません。

焼きたてを冷凍して、電子レンジで白パンなら1個あたり30秒程度加熱します。自然解凍して10秒程度レンジで温めるのもおすすめです。食パンはスライスしてから冷凍して、そのままトースト。薄くスライスしておけば自然解凍でふわふわに戻りますから、サンドイッチも大丈夫です。

パン作りのよさは、何より材料や素材がわかっているので、安心感があります。それに加えて手作りの喜びが、私にパン焼きを続けさせているように思います。

パンは焼けば焼くほど上手になり、楽しくなります。そしてもっともっと上手になりたいと思うものです。

必ずといっていいほど壁に突き当たるものですが、どうしたらもっと上手にできるのかと思いはじめたら、あなたはもうパンの魅力にとりつかれています。10年前の私のように。10年前、私はパンを上手に焼けませんでした。でも焼いて焼いて焼き続けて、今では人に教え、本を出し、それを仕事にしているのです。

好きこそものの上手なれ、とはよく言ったもの。皆さんもまず、パン作りを始めてください。パン作りはそれだけの魅力を持ったものですから。

安心な材料を選んで

家庭でパンを焼くメリットの第一は、材料を自分で選べること。
材料へのこだわりが、体に入ったとき
内臓に負担をかけずに速やかに燃えてカロリーに変わる、
ふとらない燃焼系のパンを作るのです。

小麦粉

パンの材料の大半は小麦粉。その良否が味や安心に大きくかかわってきます。まず国産にこだわりましょう。外国産の小麦粉は日本に輸入するとき、ポストハーベスト（収穫後に農薬をかけること）を課す法律があるからです。国産なら農薬による内臓への負担をかけずにすみます。パンに向く国産の強力粉は北海道や福島県で収穫できます。私は国産強力粉の中でも最強力粉といわれる北海道の「ハルユタカ」「春のあけぼの」「春よ恋」などを使用しています。福島県の「アオバコムギ」もおすすめです。これらはどれも、外国産の粉に近いふくらみのあるパンが焼けます。ふくらみは少し劣りますが、岩手県の「ナンブコムギ」も味わいのあるいい香りのパンが焼けます。薄力粉も北海道や福島県でとれたものを使っています。どれも自然食品店や製菓材料店で入手できます。

オートミール

燕麦（からす麦）をもみ殻を除いて蒸してから押しつぶし、乾燥させたもの。私はアメリカ産のものでオーガニック認定されたものを使用しています。香ばしさや独特な食感が楽しめ、ビタミンやミネラルも豊富に含まれていますが、カロリーが高めなので使いすぎないようにしています。

コーンミール

とうもろこしの胚乳を除いて粉にしたもの。細かくひいたものと粗びきのものがあり、細かくひいたものを使うとやわらかくふっくらしたパンになり、粗びきを使うとどっしりしたパンになります。私は共に、アメリカのオーガニック認定されたものを使用しています。

全粒粉（グラハム粉）

小麦は外側に農薬が残りやすいので、小麦のまわりも含めてひいてあるグラハム粉はとりわけ安全にこだわります。それは、ビタミン、ミネラルも豊富でヘルシーという印象の強い粉でも、農薬が多ければヘルシーさは半減してしまうから。国産にこだわると同時に、無農薬のものや木酢液という炭を原料にした安全な薬を使用したものを選んでいます。

玄米粉

玄米を高温焙煎し、粉にしたもの。玄米とは米のいちばん外側のもみ殻だけを除去したものです。ビタミンB_1、カルシウム、ビタミンB_2を豊富に含みますが、農薬を使った場合は残留しやすいので、自然食品店で無農薬のものを買うようにしています。パンに練り込むと玄米の香りが楽しめます。

ドライイースト

パンはイースト菌で発酵させます。このイースト菌を人工的に培養し、乾燥させて使いやすい状態にしたものが、ドライイースト。これはふつうに市販されているもので大丈夫です。専門店で買う場合は耐糖性イーストを選んでください。天然酵母は健康的でドライイーストは不健康というイメージが強いのが現状だと思います。しかし天然酵母といっても果物だねのものは果物の皮についた酵母を使うので、農薬の心配もあります。発酵に時間もかかり、多量に使わないとふくらみません。ドライイーストのほうが少量で短時間にふっくらとしたパンを焼くことができ、家庭でのパン作りには向いていると思います。

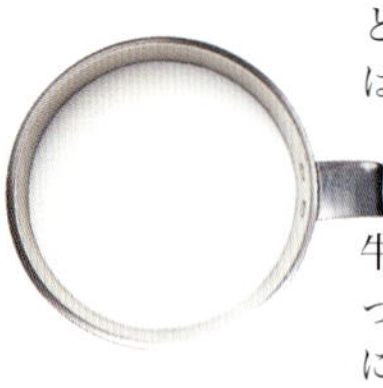

牛乳

牛の飼育環境の安全性にこだわったものを使用します。飼育時に抗生物質などの薬を使用していないもの、飼料の安全性にもこだわったものが最近スーパーでも売られています。低脂肪乳を使用すると、パン生地はゆるくなるので、低脂肪乳の場合は量を減らし、様子を見ながらこねてください。反対にジャージー種など高脂肪の牛乳は、生地がかたくなるので多めに使用してください。

卵

卵が入るとパンはよくふくらんで立ち上がります。それは卵の黄身の卵油がのびのいい生地を作るからです。ただイーストとの相性が悪いので、よく混ぜてイーストを溶かしてください。選び方は牛乳と同様、飼育環境と飼料の内容にこだわります。殻の色、黄身の色は、鶏の種類や飼料の内容で変わってしまうので選ぶ基準にはなりません。

ヨーグルト
ヨーグルトを脱水してパンに折り込んでいくとバターを練り込まなくてもクロワッサンが作れます。ヨーグルトのカロリーは牛乳と同じ、バターの約1/8です。選び方のポイントは牛乳と同じで、牛の飼育環境と飼料にこだわったものを選びます。寒天使用のものは脱水できないのでプレーンヨーグルトを使ってください。

黒砂糖
固形より粉末状のものが便利です。上白糖に比べるとビタミン、ミネラルは豊富ですが、あくや不純物もあるので、黒砂糖独特の風味を楽しみたいときにだけ使用します。夏場はかびが生えることがあるので冷蔵庫で保存を。

ココア
ココアはチョコレートからカカオバターを脱脂したものです。ココアのカロリーは小麦粉より低く、低カロリー食品です。チョコレートの代りに粉の一部をココアに替えるだけで、チョコレート味のパンが焼けます。私はオーガニック認定されたオランダのものを使用しています。自然食品店で入手できます。

水あめ
バターやショートニングの代りに水あめをパン生地に少量練り込むと、のびがよくなり、食パンなどボリュームを出すことができます。小さめのパンは使用しなくても大丈夫なのですが、食パンなど大型パンのときに有効です。透明なものはとうもろこしが原料。私は遺伝子組換えでない、もち米が原料の褐色のもちあめを使用しています。

パルメザンチーズ
パルメザンチーズは少量でチーズの香りを出すことができます。また、クロワッサンに脱水したヨーグルトと一緒に練り込むと、層を作り、よくふくらみます。選び方は添加物の入らないものを。その場でおろすとよりいい香りが楽しめます。

メイプルシュガー
かえでの樹液を煮つめて作ったメイプルシロップを、さらに煮つめて粒状にしたものです。砂糖の代りにメイプルシュガーを使用するだけで、他の配合を変えずにメイプル風味のパンが焼き上がります。私はカナダのオーガニックのものを使用しています。

くるみ
パン生地の中に練り込むときは、必ず香ばしくから焼きして、冷ましてから使用します。木の実はカロリーが高いので、少量をより有効に使います。国産、または海外のオーガニックのものを。

砂糖
砂糖は上白糖をもっぱら使っています。純白の色は、きちんと精製された色で、決して漂白したり染めているわけではありません。糖尿病や肥満の直接の原因にもなりません。その安全性は医学的にも実証されています。その働きは、パン作りではパンの味つけと同時にイーストの栄養になって、発酵をスムーズにさせるので、量を減らさないで使用してください。

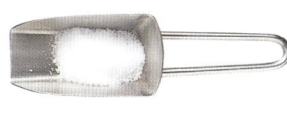

塩
塩はパンの味つけと同時に小麦粉からグルテンという粘りを引き出し、イーストの発酵でできるガスを取り込む膜を作ります。私のパンは塩は最低限しか使用していないので、量は減らさずに入れてください。自然塩を使います。

レーズン
ドライフルーツは必ず液体でもどしてから、パン生地に練り込みます。ドライのままだとパン生地の水分を吸い込み、ドライフルーツのまわりのパン生地がかたくなってしまいます。水などでふっくらもどし、キッチンペーパーで水分をふき取って使います。私はアメリカのものでオイルコーティングされていない、オーガニックのものを使用しています。

最低限の道具を使って

パン作りは私にとってはご飯を炊くようなもの。
炊飯器の代りがオーブンです。
他の道具はできるだけ特別なものは使わなくても作れるようにしています。

ボウル
材料が無理なく入って使いやすい大きさは、直径23cm以上。材質はどんなものでも大丈夫ですが、オーブンで発酵させる場合は、ステンレスや耐熱ガラスのものが安心です。

パン用めん棒
パン作りにふさわしいのは、生地がつきにくい素材で作られ、表面に細かい突起がある「ガス抜きめん棒」などと呼ばれているもの。打ち粉が最低限で済み、パン生地のガスを均等に抜きながら、のばしたり広げたりの作業ができます。木のめん棒はパン作りには不向きです。

はかり、計量カップ、計量スプーン
材料は正確に計量したほうがいいので、はかり、計量カップ、計量スプーンを使用してください。はかりはデジタルの1g単位で量れるものが便利です。計量カップは目盛りの見やすいものを、計量スプーンは小さじ（5ml）と大さじ（15ml）です。

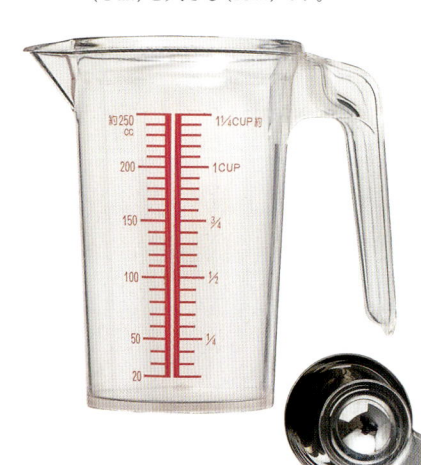

カード
パン生地の分割や、ボウルやこね台についた生地を集めるのに使います。ステンレス製もありますが、台を傷つけたり、重いため、私はプラスチック製を使用しています。

こね台
パンはイースト菌でふくらませます。イースト菌はぬくもりの感じられる木の台がいちばん好き。木の台でこねるとパン生地はスムーズに発酵してくれます。木製のこね台を求めてもいいのですが、ご家庭の食卓のテーブルが木製なら、よくふいて直接生地をのせてください。ガラスや大理石は生地が冷えてよく発酵しない場合があります。

はけ
つや出しの卵をパンにぬるときに使用します。パン生地を傷つけないよう、やわらかい素材のものが適しています。はけにたっぷりとき卵を含ませ、薄くぬるとうまくできます。

はさみ
パン生地を切ったり、飾りの切込みを入れるのに使用します。ふつうのキッチンばさみか、先のとがったよく切れる紙ばさみを用意してください。

霧吹き
パンは乾燥が苦手です。乾燥してしまうとふくらむものもふくらまなくなってしまいます。生地をさわってみて乾いていると感じたら、随時霧をかけましょう。ごくふつうの霧吹きでかまいませんが、キッチン用に一つあると便利です。

ふきん
成形や発酵のときに、パン生地が乾燥しないようにぬれぶきんをかけておきます。ふきんは清潔で、できるだけ軽い素材のものがおすすめです。ぬらして、かたく絞って使います。

オーブンペーパー、オーブンシート
パンを焼くとき、オーブンの天板にパンを直接置くと、くっついてしまいます。油をぬる代わりにオーブンペーパー（写真右）やオーブンシート（写真左）を敷きます。オーブンペーパーは使い捨ての1回限りのもので、焼き型を使うときは型に合わせて切って使います。オーブンシートは洗って何回も使用できます。

ブリオッシュ型
ブリオッシュをよく作るなら、型にぬる油脂が必要ないブラックシリコン加工のものがおすすめです。しかし値段が張るので、それほど頻繁に使わない場合には、厚地のアルミ箔製の使い捨てタイプを。

食パン型
この本では1斤用を使用しました。型にぬる油脂が必要ないという点で、ブラックシリコン加工のものを選ぶといいでしょう。アルミ製やフッ素樹脂加工のものはくっつくので、オーブンペーパーを型に敷き込んで使います。

20cm角型
この本ではオムレツパンに使用しました。ケーキにも使うので、一つ持っていてもいい型でしょう。食パン型同様、ブラックシリコン加工のもの以外は、オーブンペーパーを敷き込んで使います。

茨木くみ子（いばらき くみこ）

健康料理研究家。聖路加看護大学を卒業後、保健婦として健康管理業務にあたる。その体験から生活習慣病をはじめ、現代病といわれる病の多くが、食と深いかかわりを持つことを痛感。もともと関心のあった食べ物に関する勉強を始める。その後、茨木クッキングスタジオを主宰し、パン、お菓子、料理の教室を開くとともに、雑誌、テレビ、講演会などを通じ、体にやさしく、かつおいしい食生活の普及に努めている。
http://www.ibaraki-kumiko.com/

カロリー計算　川上友理、渡部江津子
料理製作協力　原野素子、春井敦子、
　　　　　　　川村みちの、渡辺真由
撮影　青山紀子
スタイリング　塚本 文
装丁、レイアウト　鷲巣 隆
　　　　　　　　鷲巣デザイン事務所

パンの道具と材料のお店

■池商
この本で使用した食パン型をはじめ、パン作りに必要な道具全般を扱っている。ネット及び通信販売も可能。
〒194-0011
東京都町田市成瀬が丘2-5-10
電話042-795-4311
URL http://www.ikesho.co.jp/

■富澤商店
国産小麦粉をはじめ、製パン材料を幅広く扱うほか、製パン道具も扱う。首都圏中心の店舗、ネット及び通信販売で入手可能。
〒194-0013
東京都町田市原町田4-4-6
電話042-722-3175
URL http://www.tomizawa.co.jp/

■わらべ村
国産小麦粉をはじめ、オーガニックのナッツ、ココアなどを、ネット及び通信販売でも扱っている。
〒505-0051
岐阜県美濃加茂市加茂野町鷹之巣342
電話0574-54-1355
URL http://www.warabe.co.jp/

■このほか安全性にこだわった食品は、スーパー、デパートの自然食品コーナーや自然食品店で扱っている。

バター、オイルなしでも
こんなにおいしい

ふとらないパン

発　行　2006年4月16日　第1刷

著　者　茨木くみ子
発行者　大沼　淳
発行所　文化出版局
　　　　〒151-8524 東京都渋谷区代々木3-22-7
　　　　電話03-3299-2491（編集）
　　　　　　03-3299-2540（営業）
印刷所　株式会社文化カラー印刷
製本所　株式会社明泉堂

© Kumiko Ibaraki 2006
Photographs © Noriko Aoyama 2006
Printed in Japan

Ⓡ本書の全部または一部を無断で複写（コピー）することは、著作権法上での例外を除き、禁じられています。
本書からの複写を希望される場合は、日本複写権センター（電話03-3401-2382）にご連絡ください。

お近くに書店がない場合、読者専用注文センターへ ☎0120-463-464
ホームページ http://books.bunka.ac.jp/